AF501808

COLLECTION ANCIENNE ET MODERNE D'OTOLOGIE

Du Docteur J.-A.-A. RATTEL

VOLUME VII

DICTIONNAIRE

DES

SOURDS-MUETS

COLLECTION ANCIENNE ET MODERNE D'OTOLOGIE
Du Docteur J.-A.-A. RATTEL

VOLUME VII

DICTIONNAIRE
DES
SOURDS-MUETS

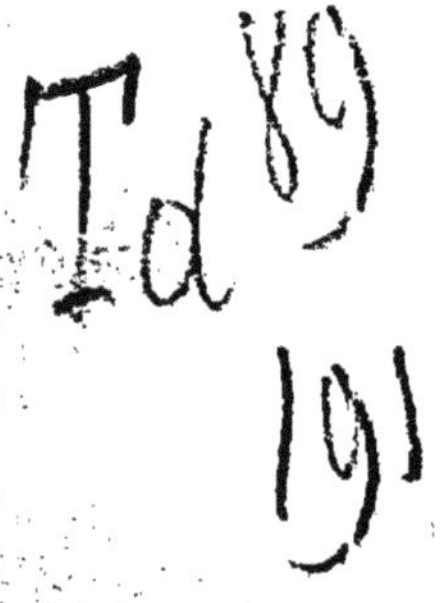

COLLECTION ANCIENNE ET MODERNE D'OTOLOGIE
Du Docteur J.-A.-A. RATTEL.

VOLUME VII

L'ABBÉ FERRAND

DICTIONNAIRE

DES

SOURDS-MUETS

ET PRÉCÉDÉ D'UNE PRÉFACE

PAR LE

Dr J.-A.-A. RATTEL
Ancien Médecin de l'Institution Nationale des Sourds-Muets
et de la Clinique Nationale des Maladies de l'Oreille
Deux fois lauréat de la Faculté de Médecine de Paris.

PARIS
Sumptibus Doctoris
J.-B. BAILLIÈRE et fils, LIBRAIRES
19, RUE HAUTEFEUILLE, 19

M.D.CCC.XC.VII

PORTRAIT DE L'ABBÉ FERRAND

TABLE DES ABRÉVIATIONS

EMPLOYÉES DANS CE DICTIONNAIRE

Adj.	adjectif.
Adv.	adverbe.
Conj.	conjonctif.
Fém.	féminin.
Fig.	au figuré.
Masc.	masculin.
Part	participe.
Prép.	préposition.
Subs.	substantif.
S.	signe.
Ex.	exemple.
S. nat.	signe naturel.
S. man. . .	lettres qui se font avec les doigts.

PRÉFACE

Lorsqu'on songe à la triste condition des sourds-muets, ce qui étonne, ce n'est pas qu'il se soit rencontré des hommes assez dévoués pour prendre en main la cause de ces infortunés, c'est que ces hommes se soient trouvés en si petit nombre, et si tard. Nous ne parlons pas évidemment des anciens qui, tenant en souveraine estime la beauté et la vigueur du corps, avaient bien autre chose à faire que d'éveiller une âme, au prix de mille efforts, dans ces pauvres êtres étiolés, incomplets. Si le Romain avait pu soupçonner que l'enfant de huit jours qu'on lui présentait était sourd-muet, à coup sûr il ne l'aurait point levé de terre.

Mais après que Celui qui faisait « entendre les sourds et parler les muets », eut donné au monde une idée nouvelle de la dignité de l'homme, il semble qu'on eût dû se préoccuper de faire partager aux sourds-muets les bienfaits de la civilisation chrétienne.

Les préjugés furent en général plus forts que la voix de la religion. On continua à regarder les sourds-muets comme des êtres à part, privés d'intelligence, rebut de la société. Si Aristote, dans l'antiquité, les avait exclus de toute participation aux connaissances, saint Augustin, par un arrêt aussi rigoureux, les excluait de la connaissance de la foi. Et, au dix-huitième siècle, encore bien que, mille ans auparavant, saint Jean de Beverley, archevêque d'York, eût appris, à ce que raconte l'histoire ecclésiastique de Bède le Vénérable, à parler à un sourd-muet, bien que, beaucoup plus tard Jérôme Cardan, en Italie, dom Pedro Ponce de Léon, Jean-Paul Bonet en Espagne, Van Helmont en Hollande; Conrad Hamman, le Père Schott, Kerger, Raphael, Lichwitz, Buchner, Baumer, en Allemagne, et d'autres eussent réussi à faire l'instruction de quelques sourds-muets, ou, du moins, exposé dans leurs ouvrages les moyens d'y réussir, il se trouva des théologiens, des philosophes, pour regretter *a priori* les prétentions de l'abbé de l'Epée, disant que ce qu'il poursuivait était radicalement impossible. Certes, cette fin de non-recevoir ne pouvait rien sur les faits qui étaient palpables et éclatants, elle montre du moins l'état d'un grand nombre d'esprits.

Honneur donc à ces hommes qui, dans des siècles et des pays divers surent s'élever au-dessus des préjugés de leurs contemporains et tentèrent une œuvre qu'on croyait au-dessus des forces humaines? Le nom d'un grand nombre de ces bienfaiteurs de l'humanité ne nous est point parvenu, et c'est ce qu'il importe de ne point perdre de vue chaque fois qu'on se plaint du petit nombre des instituteurs des sourds-muets, d'autres sont depuis longtemps totalement oubliés. Nous voudrions aujourd'hui réparer un de ces oublis, en faisant connaître à ceux qui l'ignorent le nom de l'abbé Ferrand.

I.

En 1776, l'abbé Ferrand était chanoine de la métropole de Tours. Parmi les signatures de l'acte d'inhumation de J.-B. Meusnier, père du général Meusnier, mort à Tours le 10 mars

1776, se trouve celle du chanoine Ferrand, suivie de ces mots : « Je signe plein de vénération pour ce serviteur de Dieu ». Etait-il originaire de Tours ou de Vannes, comme certains documents, le nom de *Venetensis* en particulier qui lui est donné quelque part, porteraient à le croire. Né à Tours, aurait-il pour quelque temps fait partie du diocèse de Vannes, ou bien, né à Vannes, aurait-il été plus tard incorporé au clergé de Tours?

Ce que nous savons d'une manière plus certaine, et ce qui est d'ailleurs plus important, c'est que l'abbé Ferrand était un prêtre vertueux, zélé, à l'âme ardente, à l'esprit vif et entreprenant, et en outre un prédicateur distingué. Il faisait ordinairement des stations d'Avent et de Carême en différentes cathédrales, et donnait des retraites dans les séminaires et les maisons religieuses. Il fut du nombre des prédicateurs que l'Evêque de Chartres, Monseigneur de Fleury, appela dans son diocèse pour le jubilé universel de 1775, qui n'eut lieu à Chartres qu'au commencement de 1776.

C'est alors que l'Evêque de Chartres, voulant l'attacher à son diocèse, le fit chanoine de sa cathédrale et le nomma supérieur des filles de la Providence qui avaient leur couvent dans sa ville épiscopale.

Mgr de Fleury rendait ainsi un hommage non équivoque à la vertu du prêtre et à l'éloquence du prédicateur. « Ce fut lui, » raconte l'Abbé Cognery, supérieur des filles de la Providence après l'Abbé Ferrand, dans la troisième partie du sommaire historique concernant cette communauté, « ce fut lui qui vint donner au petit séminaire, la retraite du jubilé à laquelle j'assistai étant alors à ma troisième année de séminaire et à ma première de philosophie. Cette retraite produisit beaucoup de fruit parmi les jeunes élèves dont la prédication fut goûtée. Aussi, lorsque, après sa nomination au canonicat, il vint, vers la Saint-Jean suivante, en prendre possession, étant entré au séminaire pendant que les séminaristes étaient en récréation dans la cour, dès que nous l'aperçûmes, sans nous être concertés, nous nous rangeâmes spontanément sur deux lignes pour le recevoir et lui témoigner notre respect, notre reconnaissance et notre joie de le revoir au milieu de nous. »

Lorsqu'on lui offrit la supériorité des filles de la Providence, il accepta d'autant plus volontiers qu'on lui annonçait qu'il y avait du bien à faire. Son zèle et son activité allaient pouvoir se donner libre carrière.

Cette congrégation des filles de la Providence avait été fondée vers le dix-septième siéle, par François de Pedoue, chanoine et pénitencier de Chartres. François de Pedoue, homme de beaucoup d'esprit et appartenant à une famille distinguée, s'était, dans sa jeunesse, laissé aller à quelques écarts. Poète satyrique et assez libre, ses ouvrages lui avaient attiré en 1626, la censure ecclésiastique et des haines redoutables. Revenu au sentiment de ses devoirs, comme il n'était point rare à cette époque de foi profonde, il expia par une vie mortifiée et consacrée au bien, les égarements de sa jeunesse. Vers 1643, il forma une congrégation de filles dévotes, qui se donnèrent pour mission de retirer de la débauche les femmes de mauvaise vie. Au bout de quelques années, le succès n'ayant pas répondu à leurs efforts, elles résolurent de se livrer à l'éducation des petites orphelines de la ville et des faubourgs. Leur projet fut approuvé par l'évêque Jacques Lescot, qui les institua par lettres du 23 décembre 1653, sous le nom de filles de la Providence, et régla, le 22 avril 1654, les statuts de la communauté, à laquelle il fut interdit de faire des vœux. Elles s'établirent d'abord dans deux maisons de la rue Muret que le Chanoine de Pedoue leur avait données; elles y demeurèrent jusqu'en 1762. A cette époque les Ursulines qui s'étaient établies à grand'peine à Chartres au siècle précédent, malgré l'appui que leur prêtait la reine-mère, Marie de Médicis, et après que les Chartrains, qui étaient décidément des gens très pratiques, comme nous le verrons encore tout à l'heure, leur eurent imposé des conditions telles que de leur établissement, il ne devait résulter que des avantages pour la ville; les Ursulines donc, peu nombreuses et ayant un revenu des plus modiques, furent obligées d'abandonner leur monastère, et les Filles de la Providence s'installèrent en leur place dans l'ancien hôtel Montescot. Commencé en 1668 par Claude de Montescot, cet hôtel, à l'aspect symétrique, grandiose et majestueux, est un des plus beaux monuments non religieux de la ville de Chartres; depuis 1792, il sert d'Hôtel-de-Ville.

Mais la nouvelle communauté qui venait en

1762 l'habiter n'était guère plus prospère que celle qui le quittait. Elle aussi devait rendre de nombreux services à la classe pauvre de la ville, et était en même temps sur le point de s'éteindre, faute de sujets. Lorsqu'on lui donna le chanoine Ferrand pour supérieur, il ne restait plus que huit sœurs, presque toutes âgées. Ce choix était donc excellent à tous égards; et, suivant l'expression de l'abbé Cognery, ce « fut un nouveau trait de la divine Providence sur cette maison. » Tout le monde allait gagner ; la communauté d'abord, les pauvres de Chartres ensuite, que les religieuses allaient secourir avec plus d'efficacité, enfin l'abbé Ferrand lui-même qui devait y trouver une occasion de satisfaire son besoin d'activité et de dévouement.

« Son premier soin, dit le sommaire historique que avons déjà cité fut d'aviser aux moyens de relever la communauté en lui procurant de nouveaux sujets. Il était lié d'amitié avec plusieurs chanoines de Tours, ses anciens confrères, et autres bons prêtres de la ville. Il eut recours à eux ; par leur entremise il réussit à recueillir de Tours et lieux circonvoisins une colonie de jeunes filles qui désiraient entrer en religion, et il se chargea de fournir leur dot. En peu d'années la communauté se trouva composée d'une vingtaine de sujets, ce qui donna la facilité de mettre à exécution le projet qu'il avait conçu d'abord, mais qu'il n'avait pu réaliser sur le champ. » D'autre part, dans un recueil de documents du fonds Roux concernant la Providence, il y a une pièce du 2 Juin 1778, qui nous donne, à propos des efforts tentés par l'abbé Ferrand pour repeupler la communauté dont il était le gardien, des détails intéressants. Les échevins ayant appris que les filles de la Providence venaient de recevoir cinq ou six nouvelles sœurs, s'émurent, parce que les religieuses n'ayant sans doute pas de dot, allaient nécessairement vivre des revenus de la communauté, alors que ces revenus devaient, d'après les statuts être consacrés à l'entretien d'un nombre d'orphelines proportionné à ces revenus mêmes, et en aucune manière affectés aux religieuses. Les échevins prétendaient que ces statuts ne s'observaient pas, que les sœurs avaient moins d'enfants que ne le comportaient leurs revenus, qu'il fallait donc s'enquérir si les nouvelles religieuses avaient une dot. En conséquence, on interrogea la supérieure, puis, pour contrôler son dire, une autre sœur qui refusa de répondre, et enfin l'abbé Ferrand lui-même, reconnu pour être le directeur temporel de la communauté. Celui-ci convint « de l'admission des dites cinq filles au noviciat, du peu de dot de l'une d'elles, et de ne point des autres. » Il dit qu'il avait cru devoir les admettre, eu égard au petit nombre de religieuses et à l'accroissement du revenu qu'il avait procuré à leur maison, tant par l'augmentation des baux que par le produit de la filature de coton et le travail qu'il y avait introduit. — Mais objectèrent les échevins, cette augmentation doit d'après les règles de leur institut, être employée uniquement au soulagement des pauvres de la ville et à l'admission d'un plus grand nombre de filles dites *bonnets gris*. L'Abbé répondit que les dix-huits places fondées étaient remplies. — Les échevins, défenseurs inexorables des droits de leur ville, lui disent que ce nombre, suivant un article des statuts, est illimité, et doit être augmenté à proportion de l'augmentation des revenus ; et, pour achever de le convaincre, ils vont chercher les statuts et les lui font lire ; si bien que l'abbé

Ferrand, n'ayant plus rien à répondre, leur dit qu'il concourrait avec plaisir avec eux pour procurer l'avantage des pauvres de la ville, mais que la maison avait besoin de sujets, et que les preuves qu'il avait déjà données de son zèle et de ses bienfaits devaient-être un sûr garant de ses intentions. — Pour que les échevins, dont les réclamations n'avaient pu être complètement réfutées, se soient contentés d'une telle réponse, il faut que réellement les bienfaits de l'abbé Ferrand aient été bien manifestes, et ce qui ressort clairement de tout ce précède, c'est l'ardeur qu'il mettait à servir tout à la fois les intérêts de sa communauté et les intérêts des pauvres.

On vient de voir que l'abbé Ferrand avait établi chez les Filles de la Providence une filature de coton. Il l'installa à ses frais dans un des bâtiments extérieurs appartenant à la communauté, et l'on y reçut un bon nombre de jeunes filles pauvres de la ville à qui on procurait en même temps du travail et une instruction chrétienne. Cette belle entreprise ne réussit pas entièrement au gré de ses désirs ; bien souvent même il en résulta au bout de l'année des déficits financiers que l'abbé Ferrand comblait de sa bourse. Soit que les produits fussent réellement de qualité inférieure, soit simplement malveillance de la part du corps des marchands à qui cette filature faisait peut-être tort, elle végéta péniblement et au milieu des troubles occasionnés par la Révolution naissante, en 1789, l'ouvrage manqua complètement.

Quel était cependant ce projet dont on nous parlait plus haut, que l'abbé Ferrand avait conçu tout d'abord et qu'il n'avait pu réaliser qu'un peu plus tard ? Le sommaire historique va nous l'apprendre. « Pendant que la communauté resta dans la rue Muret elle s'était borné à l'éducation des orphelines et de jeunes pensionnaires ; elle n'avait jamais tenu de classes externes. Lorsque Mgr de Fleury la transféra à l'ancien couvent des Ursulines, spécialement dévouées à l'éducation de la jeunesse, ce fut à la condition qu'elle continuerait les classes qui étaient tenues par ces religieuses. La communauté, en les remplaçant dans leur maison n'y avait trouvé que deux classes en exercice ; elle n'était pas tenue à en avoir davantage. Monsieur Ferrand, considérant qu'il avait alors assez de sujets pour le bienfait de l'éducation établit deux nouvelles classes. Il s'en trouva alors quatre au lieu de deux, et toutes gratuites. Le nombre des classes étant augmenté, celui des enfants augmenta en proportion, de sorte qu'au moment de la révolution de 1789, il y en avait de deux cent à deux cent cinquante, tant de la ville que de la campagne...

Il avait en outre formé *une école de Sourdes-muettes* à la tête de laquelle, il avait placé une sœur, après lui avoir donné lui-même les leçons nécessaires pour cette instruction. »

En dehors même de cette école de sourdes-muettes, dont nous parlerons à loisir tout à l'heure, ce n'est pas peu de chose que d'avoir fait instruire gratuitement par quelques religieuses, à la fin du dernier siècle, plus de deux cents jeunes filles pauvres. N'eut-il que ce titre de gloire, le nom de l'abbé Ferrand méritait d'être tiré de l'oubli et d'être salué avec respect par ceux qui se vouent à l'éducation des pauvres et des souffrants. Seulement la Révolution de 1789 vint porter un coup terrible à beaucoup d'œuvres de charité. Voyant la tournure que prenaient les événements, l'abbé Ferrand quitta la France, « dans un temps où tout était permis contre ceux qu'on savait ne pas être partisans de la Révolution. » Il avait auparavant comme tous les chanoines, signé la protestation envoyée au nom du chapitre le 21 avril 1790 contre les décrets de l'Assemblée Nationale. Un arrêté du directoire du département d'Eure-et-Loir le déclara émigré le 8 août 1793. Quel fut le lieu de son exil ? Nous n'en savons rien. Peut-être se retira-t-il en Allemagne où la présence de l'Evêque de Chartres attirait son clergé.

La maison des filles de la Providence étant considérée comme un établissement d'instruction publique et comme un asile pour les orphelines, les décrets de l'Assemblée Constituante ne lui furent pas d'abord appliqués. Mais l'autorité supérieure s'étant assurée qu'on y donnait aux jeunes élèves des *principes antiiconstitutionnels*, exigea des religieuses le serment qu'on faisait prêter aux fonctionnaires de l'Etat. Sur leur refus, on décréta le 11 mai 1791, que leurs biens seraient transférés au bureau des pauvres de la ville, et qu'on les remplaçait par des sujets dont le *civisme* ne fût pas douteux.

Le conseil général de la commune, sur la motion qui fut faite de conserver la classe spéciale de sourdes-muettes, refusa de continuer cette philanthropique institution. En 1880, quelques filles de la Providence de l'ancien couvent se réunirent dans une maison de la rue de la Bourdinière. Elles obtinrent la reconnaissance de leur congrégation par décret impérial du 24 juillet 1806 et allèrent occuper l'ancien prieuré de Saint-Etienne, devenu la maison conventuelle de Saint-Jean.

« L'abbé Ferrand rentra en France, dit l'abbé Cognery dans le Sommaire, dès qu'il avait vu jour à le faire en sûreté (1804). Il ne lui restait plus rien. Tous ses biens patrimoniaux avaient été vendus comme bien d'émigré. Les sœurs de la Providence dont il était toujours supérieur lui offrirent de grand cœur un asile dans leur maison, et elles prirent soin de lui comme de leur père jusqu'à sa mort qui n'arriva qu'en 1815, le 14 décembre. Il avait 84 ans. » Son nom, nous ne savons pour qu'elle cause, ne se trouve pas dans le nécrologe des prêtres du diocèse de Chartres morts depuis 1801.

Les sœurs de la Providence, avec un souvenir

plein de respect et de reconnaissance pour leur bien-aimé supérieur, gardent religieusement son portrait qui date de l'époque et où l'on trouve une physionomie douce, intelligente et fine. Son testament daté de 1806 qui n'est pas écrit de sa main parce qu'il était en danger de mort, et qui nous apprend qu'il s'appelait Jean et enfin les quelques pages du Sommaire historique où il est parlé de lui, et où nous avons puisé un grand nombre des renseignements qui précèdent, c'est peu de chose à la vérité. Pour l'école de jeunes sourdes-muettes en particulier ce serait totalement insuffisant si le hasard ne nous avait fait découvrir à la bibliothèque de Chartres un manuscrit précieux d'une valeur inestimable.

II

Les différentes tentatives faites pour améliorer le sort des sourds-muets, bien que n'ayant pas laissé pour la plupart des traces bien durables, n'en avaient pas moins créé insensiblement un certain courant d'opinion, et jeté, en quelque sorte, dans l'atmosphère des idées qui tôt ou tard devait porter leurs fruits. Les mots, d'humanité, de générosité, de dévouement dont le siècle dernier usa et abusa jusqu'à en être ridicule, ne laissèrent pas de donner à beaucoup de personnes, le goût des grandes choses qu'ils exprimaient, et cela nous explique comment nous rencontrons au XVIIIe siècle, sur les points les plus différents, tant d'instituteurs qui se consacrent à l'éducation des sourds-muets. Nous avons déjà nommé les plus connus. On aura remarqué sans doute que la plupart des intituteurs qui, à diverses époques, se sont préoccupés du sort des sourds-muets, sont des ecclésiastiques ; car, si c'est une œuvre sublime que de rendre à la société des êtres qui en paraissaient exclus pour toujours, n'est-ce pas une œuvre plus difficile et plus abstraite de les préparer aux idées religieuses en leur parlant d'un Créateur et des destinées de l'âme? Or, s'il serait injuste et exagéré de faire du dévouement le monopole du clergé, nul ne fera difficulté d'avouer que c'est chez lui qu'on en trouve la source la plus féconde dans le passé. Et c'est pourquoi nous n'avons éprouvé aucun étonnement en retrouvant à Chartres, cette ville si célèbre par sa foi, ses traditions religieuses remontant jusqu'à l'ère druidique, ses églises, ses monastères, ses évêques, les traces d'une école de sourds-muets fondée par un prêtre dont tous les documents s'accordent à reconnaître et à admirer l'esprit d'initiative et l'ardente charité.

Mais quelle fut la circonstance précise qui donna à l'abbé Ferrand l'idée d'établir chez les Filles de la Providence une école de sourdes-muettes ? Comment s'y prit-il pour éveiller les premières idées dans l'esprit de ses élèves ? Quels furent les secours qu'il put recevoir pour son enseignement de ce qui avait transpiré dans le public des diverses méthodes employées ? Ou, s'il ne dut rien qu'à lui seul, quels furent ses tâtonnements et ses essais pour en arriver à l'emploi d'une méthode sûre et définitive. Nous voudrions pouvoir répondre à ces questions ; nous devons malheureusement, sur tous ces points, nous contenter de simples hypothèses. Ce qu'il est d'ailleurs plus important de connaître, c'est la méthode d'enseignement qu'il suivit.

Un enfant dont l'intelligence est intacte, mais à qui manquent les sens de la parole et de l'ouïe, a des idées ou est susceptible d'en avoir aussi bien que les autres enfants. Comme il est privé du moyen ordinaire de communication avec le dehors, il suffira de suppléer par un langage approprié à l'état de ses organes au langage usuel qu'il ne peut ni entendre ni parler. Car, et personne n'en doute, la parole n'est pas le signe unique et indispensable de la pensée. Si le langage vocal a été préféré à tout autre, c'est uniquement parce qu'il offre plus d'avantages que tous les autres. Mais si, pour une raison quelconque, un homme ne peut ni entendre ni parler, on lui fera voir ce qu'on ne saurait lui faire entendre et on trouvera, dans toute la force du terme, un moyen de parler aux yeux.

Que les sourds-muets ne soient muets que parce qu'ils sont sourds, et que leur incapacité de parler, résultant seulement de leur impuissance d'entendre, ne soit ni absolue ni définitive, cela est maintenant démontré, mais c'est ce qui n'est pas évident en soi, et il semble, en conséquence, tout naturel que, voulant entrer en communication avec eux, on commence par s'adresser à leur vue. Mais comme l'enfant, à l'âge où on entreprend sérieusement son éducation, a déjà, instruit par la nécessité ou l'expérience, commencé à se servir de ces quelques signes qu'on appelle assez improprement signes naturels, on est porté à emprunter à l'enfant son langage que l'on essaiera seulement de développer et de perfectioner, et l'on aboutira en quelque sorte fatalement au langage mimique. C'est de ce langage que s'est surtout servi l'Abbé de l'Epée. Au fond, qu'on le veuille ou non, c'est un langage tout conventionnel, une nouvelle langue ajoutée à tant d'autres. Le moyen de communication, une fois trouvé, il suffira, de s'en servir avec le sourd-muet comme on se sert avec les autres enfants du langage parlé, et on ne voit pas pourquoi les idées ne s'éveilleraient pas chez l'un aussi bien que chez les autres. Il est vrai qu'au lieu d'être entouré comme un autre enfant d'une multitude d'êtres semblables à lui dont la parole lui est un enseignement continuel, le sourd-muet n'a qu'un très petit nombre d'instituteurs dont le rôle est plus difficile, mais, pour être moins rapide le mode d'éducation n'en pas moins absolument le même. Il reste néammoins plusieurs difficultés considérables ; la première, c'est que cette langue n'existe pas, n'est pas fixée, et que l'instituteur doit la créer ; la deuxième, c'est qu'elle ne pourra servir qu'à ceux qui l'auront apprise, et ne pourra mettre le sourd-muet en communication avec le reste de l'humanité, sans compter que si l'on veut tout exprimer par des gestes imitant et développant les signes naturels dont nous parlions tout à l'heure, on en arrivera à une complication infinie. C'est pour obvier à la première difficulté que l'Abbé de l'Epée composa son *Dictionnaire des signes* que l'abbé Sicard tansforma ; et, pour résoudre la seconde, en même temps qu'à parler cette langue mimique, on apprit aux sourds-muets à écrire notre propre langage. Mais on ne sut pas généralement bien faire le départ entre les deux ; il y eut une longue confusion, et ainsi on s'explique la médiocrité relative des résultats qu'obtint l'abbé de l'Epée.

Il y a un autre langage qu'on peut apprendre aux sourds-muets, c'est le langage manuel. C'est-à-dire qu'on leur apprend la langue écrite, et que les mots tracés sur le papier, on les leur fait au moyen de la main dont les positions représentent les différents lettres de l'alphabet. Il suffit alors de trouver un alphabet manuel assez simple, et cela fait, ce qu'on apprend aux enfants, c'est la langue même de tout le monde; au lieu de la parler et de l'écrire comme nous, ils l'écrivent de deux façons, voilà tout. Il est étonnant qu'au lieu de s'en tenir à ce système si simple on l'ait si longtemps compliqué par le langage mimique simultanément enseigné, d'autant plus que le langage mimique n'a ni la même syntaxe, ni la même complexité ni la même simplicité que les langues parlées.

Enfin, qu'au moyen de ce qu'il y a de visible et de tangible en quelque sorte dans les articulations de langage parlé on en arrive à apprendre aux sourds-muets à parler véritablement et à lire sur les lèvres, et le dernier pas sera franchi, et le sourd-muet sera complètement, autant qu'il est possible, rendu à la société.

Or, il est bien certain que l'abbé Ferrand ne tenta point d'apprendre à parler aux enfants sourdes-muettes dont il se chargea, il n'en eut probablement pas l'idée, et lui fut-elle venue, le temps lui aurait manqué pour la mettre à exécution. Eut-il un alphabet manuel, une sorte d'écriture dans l'espace? C'est certain. Ce qui est certain aussi, c'est qu'il apprit (1) à ses enfants un langage mimique, et la preuve en est dans ce dictionnaire des signes composés par lui et qui est parvenu jusqu'à nous, grâce à un homme intelligent qui devinait la valeur d'un manuscrit pareil.

Le 24 brumaire an VIII, M. Boutrous, juge de paix des sections méridionales de la commune de Chartres, écrivait aux citoyens administrateurs du département d'Eure-et-Loire.

« Je m'empresse, citoyens, de vous faire passer une copie momentanée du dictionnaire à l'usage des Sourds-Muets que j'ai trouvé au domicile de la comtesse Montangé, ex-religieuse de la providence, lors de la reconnais-

1. L'abbé Ferrand était secondé dans son enseignement par une sœur du nom de *Marie Montanger* qui mérite de n'être pas oubliée.

sance des scellés que j'ai faite hier ; ayant considéré cet ouvrage comme utile aux sciences et à l'humanité je l'ai distrai (sic) de mes opération (sic), pour le faire passer aux héritiers à qui il appartient incontestablement, mais déférant à votre lettre invitative, je vous fais (sic) passer cette copie afin que, suivant vos désirs auxquels je me joins, le juri d'instruction en fasse une copie, pour être jointe à la bibliothèque nationale, trop heureux d'avoir trouvé occasion d'être utile à la Société !

Salut et fraternité.

P. S. Je crois que pour ma tranquillité, je dois avoir un récépissé de cet ouvrage. »

A la même époque où l'abbé Ferrand écrivait ce dictionnaire, l'abbé de l'Epée tentait de résumer et de fixer sa méthode en composant, lui aussi, un dictionnaire de signes à l'usage des sourds-muets. Ce dictionnaire, que l'abbé de l'Epée envoyait à l'abbé Sicard, le 22 avril 1786, resta à l'état de manuscrit inédit. Voici comment l'abbé Sicard en parle dans l'introduction de son ouvrage, intitulé : « Théorie des signes ».

« On ne manquera pas de remarquer que « tout y est en définition, comme cela se pra- « tique dans les dictionnaires ordinaires, et « qu'il n'y a pas un mot dont on donne le « signe. On observera aussi que souvent la « définition a pour élément principal, le mot « lui-même qu'il fallait définir, et que d'autres « fois on se contente de faire connaître. Ainsi « on dit, *zélé*, pour *avoir du zèle* ; *vérité*, le con- « traire de la *fausseté* ; *vain*, qui a de la *vanité* ; « *vice*, défaut contraire à la *vertu* ; *vou-* « *loir*, avoir *volonté* ; *scrupule*, inquiétude de « *conscience* ; *saint*, qui mène une vie *sainte*.

« On pourrait faire des questions du même « genre sur chaque définition ; mais en sup- « posant même toutes ces définitions justes, il « resterait à dire qu'un déterminé des signes « doit donner le signe des mots, et non leur « définition ; et que, du moins, la définition « devrait être plus claire que le défini. Ce dic- « tionnaire était donc à faire, quand l'auteur « m'en envoya l'original. » (Page 51, Introduction).

Il n'aurait pas parlé si sévèrement, à coup

sûr, du dictionnaire de l'abbé Ferrand. D'ailleurs, pour que le lecteur soit plus à même de comparer et de juger, nous publions ces deux ouvrages, et la comparaison est d'autant plus facile que l'abbé de l'Epée et l'abbé Ferrand se sont servi l'un et l'autre du « Dictionnaire portatif de la langue française, extrait du grand dictionnaire de Pierre Richelet, par de Wailly ».

Après avoir lu et comparé ces travaux, on ne s'étonne pas du jugement que l'abbé Sicard porte sur le dictionnaire de l'abbé de l'Epée. Mais qu'eût-il dit de l'abbé Ferrand ? Eût-il pu se plaindre de n'avoir pas un véritable dictionnaire des signes? Si l'abbé de l'Epée, après tant d'années consacrées exclusivement à l'enseignement des sourds-muets, n'a donné qu'une œuvre si incomplète, de l'avis de son plus fervent disciple, quelle admiration ne devons-nous pas avoir pour ce chanoine de Chartres qui, pris par tant d'autres soins, malgré les soucis d'un grand établissement à diriger, sut en si peu de temps se faire une méthode à ce point remarquable ? Pouvons-nous douter maintenant, bien que l'histoire ne nous en dise rien, qu'il ait obtenu d'heureux résultats ? Et, bien qu'il soit loin de notre pensée de vouloir diminuer en rien la gloire de l'abbé de l'Epée, à qui il restera toujours le mérite incontesté d'avoir créé la première Institution des sourds-muets, pouvons-nous refuser nos hommages à un homme qui si son rôle fut plus modeste, déploya à servir la même cause, un dévouement non moins admirable, une intelligence non moins supérieure ?

III

Par une coïncidence curieuse, les méthodes dont nous nous occupons furent composées vers la même époque par deux hommes qui, vraisemblablement, ne s'étaient jamais vus. C'est, en effet, le hasard de sa destinée, semble-t-il, plutôt qu'un plan longuement prémédité, qui fit de l'abbé Ferrand un instituteur de sourds-muets ; aussi ne le voyons-nous nulle part en relation avec les hommes qui, de son temps, s'occupèrent comme lui de cette grande œuvre. J'ai en ce moment sous les yeux, écrits de la main même de l'abbé de l'Epée, les noms de ses élèves (1), celui de l'abbé Ferrand ne s'y trouve point. Si d'ailleurs l'abbé de l'Epée avait pu connaître l'ouvrage de l'abbé Ferrand, comment admettre qu'il ne s'en fût pas servi pour perfectionner le sien ?

Cette circonstance donne plus d'intérêt à la comparaison des deux méthodes, sans compter, ce qui ne paraîtra peut-être pas à dédaigner dans un temps où l'on a « la fureur de l'iné-

1. Voici cette liste :

L'abbé Stork, à Vienne en Autriche.
L'abbé Dumouriez, au Mans.
L'abbé Hubi, à Rouen.
Mlle Blain, à Angers.
L'abbé Muller, à Mayence.
L'abbé Sylvestre, à Rome.
L'abbé Sicard, à Bordeaux.
M. D'Angulo, en Espagne,
M. Hulric, en Suisse.
M. Guillet (*sic*), en Hollande (lire Guyot).
L'abbé Salvan, en Auvergne.
L'abbé Michel, dans les Etats de Sardaigne.

Cette liste montre l'effort que l'abbé de l'Epée a fait pour vulgariser et répandre ses idées sur l'enseignement des sourds-muets. Elle constitue aussi une indication précieuse pour des recherches que nous ferons sur les élèves de l'abbé de l'Epée, qui tous ne sont pas arrivés à être connus dans leurs œuvres.

dit », et que nous venons de publier l'une et l'autre (1).

IV

Après avoir établi un dictionnaire des signes, l'abbé Ferrand pouvait désormais s'occuper d'apprendre et faire apprendre à ses petites sourdes-muettes ce qui constituait l'enseignement d'alors. Sans doute s'est-il contenté de donner à la sœur Montangé des instructions verbales pour ce qui concernait l'enseignement de la lecture, de l'écriture, de l'arithmétique, etc. Mais, il a tenu à entrer lui-même et par écrit dans le détail de l'enseignement des premières notions de la religion.

En effet, (et nous en avons fait l'objet d'une publication à part), il existe à la fin du manuscrit un abrégé de la doctrine chrétienne à l'usage des sourds-muets. Cet abrégé se divise en deux parties : 1° un petit catéchisme et 2° un gros catéchisme.

1. M. Théophile Denis, notre savant compatriote, croit, que l'abbé Ferrand a connu l'abbé de l'Epée.

Il est extrêmement curieux de voir cet abbé, ramenant à la hauteur de l'intelligence de ces petites sourdes-muettes l'enseignement si difficile de la religion. Il avait fait la psychologie de ces enfants, celui qui n'hésitait pas à entreprendre de leur donner *l'idée de Dieu*, de leur faire distinguer le bien du mal, et de les familiariser avec les origines de l'homme, de leur apprendre *la prière* rien qu'avec des signes ! Ce devait être un spectacle fort admirable de voir ce bon prêtre entouré d'enfants attentifs avec lesquels il communiquait sans articuler un mot, sans prononcer une parole, et parvenait pourtant à élever leur âme vers les idées les plus abstraites sans autre secours que ce qui pouvait frapper leurs regards !

Avant que la méthode orale ne fut venue remplacer la méthode des signes dans l'enseignement des enfants sourds-muets, nous avons eu l'occasion d'assister à un catéchisme fait par un prêtre bien zélé (1), du haut de la chaire dans une chapelle, à une dizaine d'enfants, nous n'oublierons jamais l'impression que nous

1. L'abbé Goislot.

avons ressentie dans cette occasion. Rien ne troublait le silence de l'église et pourtant par sa mimique éloquente le prêtre instruisait, intéressait, guidait comme avec la main, ces jeunes esprits vers la compréhension des choses de la religion et de la morale.

C'était vers 1882 ! Et précisément l'abbé Ferrand faisait déjà cet enseignement cent ans auparavant, en 1782 !

DOCTEUR J.-A.-A. RATTEL.

DICTIONNAIRE

A L'USAGE DES SOURDS-MUETS

A

A. Diriger devant soi l'index droit et l'avancer à une certaine distance en le faisant remonter.

ABAISSER. Signe *à*, puis étendez horizontalement les deux mains et faites les descendre par gradation, le signe naturel que l'on fait à un ouvrier pour lui faire abaisser un tableau ou une estampe qui seraient attachés trop haut.

ABANDONNER. Laisser; présentez et avancez un peu vers le côté gauche les deux paulmes de la main. — Signe de laisser, mais exprimé plus fortement avec l'air du mécontement et du mépris, auquel on peut ajouter le *s.* *à* de deux index, montrant les longues oreilles. — Quitter, saluer par une inclination de tête et tourner le dos pour s'en aller.

ABATANT. s. nat. d'une espèce de dessus de table qui se trouve chez les marchands de draps, qui s'élève ou s'abat selon le jour que l'on veut donner à l'endroit.

Abattre. s. nat. abattre des noix, une muraille.

Abbaye. s. voile jusqu'au front, t. croix pectorale, s. maison et assemblage.

Abbé. s. tonsure, s. rabat.

Abcès. s. on montre une plaie sur le dessus de la main on la fait creuser en faisant le mouvement avec les 5 doigts réunis comme pour donner une chiquenaude.

Abdiquer. s. ôter de dessus soi, remettre sur un autre lui tourner le dos et s'en aller.

Abeille. s. voler sur des fleurs pour en avoir le suc, s. miel, s. qui pique et on s'en écarte.

Abhorrer. Mettre les deux mains sur son cœur et les retourner avec vivacité comme pour repousser l'objet qui fait horreur et en même temps détourner la tête avec un air qui exprime ce sentiment. — Détester au lieu de porter les mains au cœur portez les au front ; même s. qu'abhorrer. — Haïr : s. aimer pas, avec une signe nat. d'aversion

Abject. s. on porte la main assez près de terre et on regarde la personne du haut de sa grandeur ayant l'air et des lèvres et des mains d'en faire peu de cas.

Abjurer. s. mauvaise doctrine. s. erreur en croisant les doigts sur le front, s. rejetter loin de soi avec un air de repenti. — Renier, s. maître, s. religion, s. moi ne connais pas en secouant la tête. — Renoncer à une succession, s. biens, s. à moi s. moi ne veux pas, 2° sens, renoncer à ses passions, s. passions, s. faire, s. jamais.

Ablution. s. naturel.

Abolir. s. de roi, des tables, s. de trompette, s. de prière, s. de casser, de déchirer.

Abomination. s. détester, s. horreur, s. partout en étendant les mains, s. lieu saint en détournant les yeux et tremblotant.

Abondance. Amasser plusieurs fois et de plusieurs côtés toujours pour former un seul et même tas. S. beaucoup des deux mains, substantif.

Aborder. On aperçoit quelqu'un on va au devant de lui et après l'avoir salué on lui parle avec un air de connaissance. Accoster, s. passant qu'on rencontre se mettre à ses côtés.

Aboutir. s. à, l'index étant porté à ce point élever un peu le bras, et puis s. fin.

Aboyer. s. naturel.

Abréger. Écrire monsieur, ensuite mettre le pouce sur l'*o* et l'index sur l'*u*, pour qu'il ne reste que *m*r.

Abreuvoir. s. lieu, s. animaux grands et petits, s. boire.

A l'abri de. Chose qui garanti totalement, un toit, un auvent qu'on exprime en passant la main sur la tête pour exprimer un toit sous lequel on se met à l'abri.

Abroger. s. roi qui s'exécute en se représentant la couronne sur la tête et passant la main de droite à gauche en diagonale sur la poitrine pour marquer le cordon bleu ensuite le s. prier, s. déchirer, s. arrêt qui s'exprime en montrant un papier comme le font les crieurs publics.

Absenter (s'). Venir pas avec les autres.

Absinthe. Herbe sent bon, s. goûter, s. amer.

Absoute. s. jeudi, s. montrer en chaire, s. donner l'absolution à tout le peuple.

Absolument. 1° s. dubitatif, s. pas. 2° s. oui, oui, oui, adj. ado.

Absorber. Remplir, remplir, remplir, s.reste rien, et pour exemple on met de l'eau dans la poussière qui absorbe tout, reste rien.

Absoudre. s. impose les mains, s. croix, s. pardon qui se fait en passant légèrement les doigts de là main droite sur la paulme de la main pour marquer que tout effacé, ensuite présenter avec un air de bonté les deux paulmes de la main vers le côté gauche comme pour renvoyer le pécheur absout.

Abstenir (s'). s. viande qui s'exécute en pinçant le dessus de la main droite le dessus de la main gauche, puis la porter à la bouche pour faire le signe de manger, s. pas, s. poisson qui s'exécute en faisant serpenter devant soi la main droite.

Abstrait. 1° sens, difficile à comprendre, s. esprit arracher en portant les 5 doigts au front comme pour arracher, s. comprends pas. 2° sens, indépendant des sens.

Absurde. s. arracher les yeux, les oreilles, etc. s. parler faux en croisant les index sur la bouche, s, esprit, s. contre.

Abuser. s. servir qui s'exécute en portant devant soi et à différents points les mains étendues comme si on servait des plats sur une table puis le s. mal, qui s'exécute en portant sur la bouche et le doigt du milieu de la main droite, (c'est le bien) mais après on dirige le deux index qu'on lance l'un contre l'autre pour exprimer le contraire du bien.

Abimer. s. tournoiment de l'eau, relever son bras et le plonger avec vivacité

Académie. s. lieu, s. assemblage, s. hommes très savants.

Accabler. s. mettre un fardeau sur les épaules plier le genoux comme un homme qui succombe sous la charge.

Accélérer. 1° s. aller tout doucement pas à pas ; 2° s. ensuite aller fort vite. — Hâter, s. dès le commencement de la route aller vite, c'est-à-dire, rouler les mains avec précipitation. — Presser, vite vite en poussant la personne ne soyez pas un instant. — Dépêcher, s. encore plus vite en étendant les deux bras, en montrant sur le visage l'inquiétude et l'agitation comme si on demandait un confesseur pour un malade qui presse.

Accepter. Etendre la main creusée et la reporter vers soi en faisant un demi-cercle et une inclination de tête avec un air d'acquiescement.

Accident. s. être distrait, regarder de côté et d'autres : quelque chose qui tombe sur la tête, on apporte l'index à l'endroit frappé avec un air de douleur.

Accolade. Se jeter au cou de quelqu'un et l'embrasser.

Accommoder. 1er Sens, peigner, friser, s. naturel. 2e sens, s. esprit, s. cœur, s. contre ensuite les deux mains l'une dans l'autre pour marque de réconciliation.

Accompagner. s. marcher la main droite portée au coude gauche en l'agitant quelques fois pour montrer la compagnie.

Accomplir. s. faire, s. tout, s. fin.

Accorder. 1er sens accorder un violon, s. naturel. 2e Sens (réconcilier) s.parler à l'un puis à l'autre. 3e sens, demander qui s'exécute en joignant les mains avec l'air d'un suppliant puis un s. d'acquiescement de la tête et des mains.

Accoster. s. passant qu'on rencontre, se mettre à ses côtés.

Accouder (s'). s. naturel.

Accoupler. s. mettre ensemble deux.

Accourcir. s. rompre par le bout une baguette et témoigner qu'on la trouve encore trop longue, la rompre une seconde fois.

Accourcir. s. *à*, s. courir, puis l'action de relever quelqu'un qui vient de tomber.

Accoutumer. s. décrire lentement et avec difficulté ensuite avec moins de peine, enfin très facilement avec le geste que cela n'embarrasse plus.

Accréditer. s. dire à tout le monde beaucoup de bien de quelqu'un en présentant la main à plusieurs points et l'élevant avec emphase.

Accrocher. s. crochet avec l'index recourbé, s. attacher quelque chose.

Accroire. Faire passer un mensonge dans l'esprit ; 1er présenter tout droit le tranchant d'une main vis-à-vis le front de quelqu'un ; 2e passer par dessous l'autre main comme pour la faire entrer dans la tête ; 3e s. mensonge en agitant les deux index croisés devant la bouche.

Accueillir. Quelqu'un se présente, on le prie d'entrer s. figure triste pas, mais un air gai en se frottant les mains.

Accumuler. Amasser de tous côtés, s. à, s. comble les deux extrémités des mains élevées perpendiculairement en forme de dôme.

Accuser. s. a tué, a volé, j'ai vu j'ai entendu.

Accuser (s'). Oui, oui, moi pécheur.

Acharner. s. cœur aigri, les deux index opposés, la fureur peinte dans les yeux, vouloir arracher les yeux à son adversaire, on veut les séparer, il ne veut pas, sauter sur son adversaire à plusieurs reprises.

Acheminer. S. chemin, s. aller, s. à.

Acheter. De la main droite compter de l'argent et de la main gauche on prend la chose achetée.

Achever. s. coudre, s. rompre le fil.

Acquérir. s. maison pas à moi, compter de l'argent et le repousser vers le marchand puis tout est à moi.

Acquiescer. s. interrogation, s. oui bien volontiers par une inclination de tête et présentant devant soi les mains d'un air gracieux.

Acquitter. Je dois. — Je paye. — Je m'acquitte. — Je ne dois plus.

Adapter. Prendre plusieurs couvertures de tabatières, on les éprouve, cela ne va pas, on en prend une autre, cela ne va pas, ensuite une troisième, bien.

Acte. s. action ou écriture faite, s. devant, exemple, notaire.

Actuel. Le signe du présent mis en adjectif.

Addition. s. calculer plusieurs chiffres, puis perpendiculairement en écrire la somme.

Adieu. s. saluer de la main en quittant.

Adjuger. s. enchère, s. combien, 2 fr. et vous 12 fr. à vous en donnant la chose.

Adjurer. La main levée devant Dieu, s. commander de dire.

Admettre. Les deux mains ouvertes qu'on fait passer de droite à gauche avec un air gracieux.

Administrer. 1er sens, donner les sacrements, s. baptiser, s. confirmer, etc. — 2e sens, gouverner des affaires ou des biens, s. tenir des reines, les lacher, les retirer, s. commandement.

Admirer. Levez les mains et tenez-les comme si vous vouliez les approcher de vos épaules, et regardez avec plaisir la bouche un peu béante.

Adolescence. s. âge en élevant peu à peu la main, s. depuis 14 ans jusqu'à 25 ans, s. fringant en agitant les mains à ses côtés avec vitesse.

Adonner (s'). Pincer l'habit à l'endroit du cœur, s'incliner un peu pour montrer le penchant, et puis indiquer la chose à laquelle on s'adonne.

Adopter. Mettre la main sur la tête d'un enfant, s. son père est mort, je le regarde comme à moi, je le nourris, je l'habille, etc.

Adorer. La main au front, moi petit, moi rien, Dieu grand.

Adoucir. 1er on porte l'index au palais et on fait la grimace comme d'une chose amer, 2° on fait comme si on y mettait du sucre, puis rapporter l'index à la bouche, bon, bon. — 2e sens, adoucir quelqu'un qui est en fureur. — 1er s. visage en fureur, 2e s. apaisez-vous et passez la main sur le visage d'un air gracieux.

ADRESSE. 1er sens, la mettre sur une lettre. — 2e d. sens, s. escamoter, au figuré, s. agilité de l'esprit.

ADRESSER. Plier une lettre, la cacheter, et l'adresser, s. *à*.

ADVERSAIRE. s. contre, s. hommes.

ADULATEUR. Louer quelqu'un beaucoup, s. bon et mauvais en faisant de grandes démonstrations.

ADULTE. s. âge d'enfant, passé,

AFFABLE. s. Parler à ses inférieurs, s. air gracieux.

AFFAIRE. s. à, s. faire.

AFFAMER. s. d'inanition, se passer la main sur la gorge, sur la poitrine jusqu'à l'estomac avec un air de défaillance, s. manger, au fig. désirer beaucoup.

AFFECTER. s. parler, prendre du tabac, marcher sur les pointes des pieds avec affectation comme un petit maître, mettre les mains derrière le dos avec un air de prétention.

AFFECTIONNER. s. aimer beaucoup en agitant les mains sur le cœur, et des yeux vifs et animés.

AFFERMER. s. voilà ma chambre, vous me donnez de l'argent je vous la cède, entrez-y, mais elle me reviendra dans 1, 2, 3 ans.

AFFERMIR. s. nat. d'une chose qui branlait qu'on rend solide.

AFFIRMER. s. dire oui.

AFFICHER. s. imprimer, s. étendre les mains pour coler une affiche.

Affliger. Se presser le cœur avec les deux index du haut en bas avec un air de peine,

Affluer. s. hommes beaucoup de tous côtés.

Affoiblir. s. on montre d'abord les deux poings fermés et en les agitant fortement on fait remarquer les muscles et les veines qui enflent, on le fait ensuite plus faiblement et toujours en diminuant.

Affranchir. s. donner de l'argent, s. délivrer.

Affronter. s. à, porter la main au front, montrer du cœur et du courage et aller au-devant en agitant les coudes.

Affubler. s. cacher sa tête en son corps jusqu'au visage v. g. les moines par le froc et les parents aux enterrements.

Affreux. Faire une laide grimace, détourner la vue, s'éloigner de l'objet.

Afin. s. à, s. fin, et faire entendre que c'est la même chose que pour.

Agacer. s. nat. d'agacer quelqu'un en lui faisant des niches.

Age. Porter la main droite au côté gauche et l'éle ver par gradation.

Agé. Même s. adj. mais on montre des doigts le nombre des années.

Agenouiller. s. naturel.

Agile. Les bras et les jambes dégagés, s. courir et sauter facilement.

Agir. s. agiter les deux mais autour de soi à plusieurs points avec une certaine activité.

Agiter. s. nat. les épis par le vent, la mer, les bordures des coëffes.

Agneau. s. bê bê, s. petit, s. doux en le caressant.

Agonie. s. yeux égarés, livides, s. le hâle.

Agrandir. s. abattre les murailles, s. plus grand en faisant un demi-cercle.

Agréable. s. esprit, cœur bon, s. passer la main sur le menton en regardant la personne pour lui dire qu'elle plaît.

Agréer. s. recevoir, s. bien, s. cœur, puis prendre doucement avec un sourir qui annonce le contentement ; on reçoit des coups de bâtons mais on ne les accepte pas, on reçoit une pénitence mais quelquefois on ne l'agrée pas.

Agréger. s. plusieurs ensemble, un autre se présente on le fait entrer avec un air d'amitié, vous serez des nôtres avec nous, de notre corps.

Agriculture. s. science de travailler la terre.

Aguerrir. s. à, s. guerre, s. canon, pan, pan, n'ayez pas peur ayez du courage, allons, allons.

Aider. s. de quelqu'un qui porte un fardeau et que l'on aide.

Aïeul. s. grand-père, ou bien s. père réitéré par gradation.

Aigle (oiseau). s. grandes ailes, s. bec crochu.

Aigle (pupitre). Même s. rad. mais y poser le livre à chanter.

Aigre. Doux pas. s. pique la langue.

Aigrir. s. piquer la langue avec l'index à plusieurs reprises. V. : grimace d'aigreur. ; 2e sens, se piquer le cœur et montrer un air d'aigreur et de colère.

Aiguillonner. s. bœuf, s. piquer les flancs d'un aiguillon.

AILE. s. agiter les coudes.

AILLEURS. Autres, s. lieu.

AIMABLE. s. radical, s. possible d'aimer, adj. s. possible qui attire le cœur.

AIMER. s. la main gauche sur le cœur, porter avec vivacité la main droite de la bouche à la main gauche qui reste sur le cœur regardant l'objet aimé avec des yeux actifs et affectueux.

AIMANT. s. pierre qui attire le fer.

AINÉ. s. né, s. premier.

AINSI. S. présenter la main gauche horizontalement la paulme en bas, en approcher la droite dans la même direction et la retourner ensuite comme pour indiquer l'objet.

AINSI SOIT-IL. s. ainsi, s. être, au présent du subj., s. il, on y joint un signe de désir.

AJOURNER. Nous viendrions tel jour devant le juge.

AJOUTER. 1er sens, il n'y en a pas assez, donnez encore, présenter la main gauche un peu creusée et y apporter à plusieurs reprises les doigts de la main droite réunis ; 2e sens, pris pour parole, même s. que ci-dessus mais avec le *p. manuel* pour montrer qu'il s'agit de parole.

AIR. s. respirer, s. faire comme un éventail et montrer qu'il n'y en a point.

AIRE. s. lieu où l'on bat le blé avec un fléau.

AISE. s. se frotter les mains d'un air de contentement.

AISÉ. s. peine à faire pas, s. agiter légèrement les doigts.

AISSELLE. s. creux sous le bras.

AJUSTER. 1er sens, ajuster sa toilette, se bien friser,

mettre de beaux habits, se regarder avec complaisance ; 2° sens, viser et diriger son coup de fusil ; 3° sens, une chose passe l'autre, on le met de niveau.

A LA FIN. s. à, s. la, s. fin et pour cet effet, on montre les muscles tendus et les efforts qu'on a fait.

ALARMER. Feu à la maison avec l'air du saisissement que cause une fâcheuse nouvelle, s. larmes qui coulent des yeux.

ALCOVE. s. nat.

ALLEGRESSE. s. sauter bien fort en se frottant les mains avec joie.

A L'ENTOUR. s. faire la pirouette et montrer de l'index tout au tour.

ALIÉNER. s. vendre, s. selon la justice, s. toujours ; 2e sens, aliéner l'esprit, s. esprit plus, s. folie.

ALIGNER. Planter un pieu comme font les architectes, tirer un cordon, puis regarder si la ligne est directe ; 2° sens, aligner une armée, s. soldats sous les armes qui se frappent doucement la poitrine reculant pas à pas et regardant s'ils sont sur la même ligne.

ALIMENT s. manger, s. faire descendre les mains jusqu'à la poitrine en faisant remarquer que la nourriture que l'on prend soutient la vie.

ALLÉE. s. arbre des deux côtés, s. passer les mains vers le milieu.

ALLÉGORIE. s. histoire ou une personne, s. signifie une autre, s. sens caché.

ALLER. Avancer à partir de la poitrine les deux index en les roulant devant soi l'un et l'autre et de l'index droit on fait le s. à. — Venir présenter devant soi à quelque distance de la poitrine les deux index, ensuite on les roule l'un sur l'autre en les ramenant vers soi. — Arriver, même s. que venir, puis pour passer avec rapidité la main droite perpendiculairement devant la main gauche les doigts et la paulme tournés vers le visage. — Marcher, s. nat. — Avancer, s. aller, s. avant, le tout à plusieurs reprises.

Alliance. Joindre les mains comme pour le mariage, mais s'il s'agit de l'ancien testament, s. passé, passé, passé.

Allier. s. lier, s. à, au figuré pour le mariage, s. allier les mains l'une dans l'autre puis la bénédition sacerdotale.

Allumer. 1° agiter les deux mains l'une contre l'autre en forme de soufflet ; 2° les doigts dirigés en haut et agités pour exprimer la flamme ; 3° présenter l'extrémité d'un index à l'autre comme pour allumer un cierge et de plus le s. flamme. — Souffler, s. nat. — Enflammer, s. en, s. feu, s. flamme. — Embraser, s. feu çà et là, montrer le brasier ardent, puis la main à la joue pour représenter le rouge, l'ardeur.

Allure. s. manière de marcher.

Almanach. s. montrer les mois sur chaque colonne.

Alonger. s. presser un morceau de cire entre ses doigts, l'allonger, s. allonger un morceau de cuir, un habit trop court.

Alors. s. à, s. présenter l'index renversé à une certaine distance de soi.

ALPHABET. s. Petit livre où sont les lettres de l'alphabet.

ALTERNATIVEMENT. s. un, s. après un autre, puis un autre, pour l'expl., on commence à parler, on se tait un autre prend la parole.

ALTIER. s. qui a de la fierté, de l'orgueil.

AMASSER. s. rapprocher de divers endroits plusieurs choses avec les mains. — Ramasser, s. quelque chose qu'on relève de terre. — Entasser, s. en, s. tas qui s'exécute en ramenant vers soi avec les mains un monceau comme du blé, de la graisse. — Accumuler, même signe que tas, mais ajouter s. de comble qui s'ex. en rapprochant les deux mains en forme de comble.

AMBASSADEUR. s. roi qui donne des lettres avec un cachet à quelqu'un, celui-ci part pour le lointain, par à la nation, écoute, et vient en saluant le roi porter la réponse.

AMBITIONNER. Désirer avec ardeur des richesses, mitre, cordon bleu, etc.

AME. s. esprit qui pense, en portant l'index au front, s. cœur.

AMENDE (FRUIT). Casser avec les doigts et montrer les petits trous qui se trouvent sur l'amende.

AMENDE (PEINE). s. condamner, s. payer.

AMENER. s. mener à, en montrant un point vis-à-vis de soi. — Mener, prendre quelqu'un d'une main comme pour le mener quelque part. — Ammener, s. mener d'une main et de l'autre le signe en, à plusieurs reprises. — Ramener, même signe, s. en quelque lieu, revenir, et puis mener à l'endroit d'où l'on était parti, parti avec, *p. manuel*. — Conduire, s. mener, s. avec.

Amer. s. goûter, s. doux pas faire la grimace.

Ami. s. vous aimer moi, moi aimer vous.

Aimable. s. radical, adj.; s. contre contestation, pas.

Amical. s. radical, adj.; s. souris gracieux, une petite marque d'amitié sur la joue comme à un enfant.

A moins de. s. à, s. moins, conduire le pouce vers l'extrémité du petit doigt, s.

Amolir. 1° s. dur en frappant la table du revers du doigt du milieu ; 2° on échauffe la cire de son haleine ; 3° on fait remarquer qu'elle s'amolit, ou bien on fait voir du pain dur et après l'avoir trempé on le montre amoli ; au figuré, s. cœur.

Amour. Même s. qu'aimer, mais feu au cœur, et une plus grande activité dans les yeux.

Amphibie. s. qui vit dans l'eau et sur la terre.

Amphibologie. s. deux sens différents.

Amphithéatre. s. lieu de spectacle, s. lieu tout autour élevé par degrés où les spectateurs sont assis.

Ample. s. mesurer à l'aulne, s. étendre les bras pour montrer l'amphitude.

Amuser. On fait le s. de plusieurs amusements d'enfant, bagatelles, comme jeux d'épingle, de paillettes, etc. — Jouer, s. jeux de carte, du volant, trictrac, etc. — Se divertir, s. beaucoup étudier, tête fatiguée, s. dissipation.

An. s. Assemble de 12 mois, s. masculin.

Analogie. s. ressemblance ou rapport à une autre chose.

Analyse. s. Discours, s. abrégé, s. ordre et suite.

Anarchie. s. Etat étendue de terre, s. roi ou prince pas, s. chacun commande.

Anathème. s. croire pas, s. église qui foule aux pieds, s. horreur en repoussant l'objet. — Excommunié, s. communions pas, s. rejetter de l'entrée de l'église.

Anatomie. S. sciences des parties du corps, s. disséquer.

Ancêtre. s. père mère à trois ou quatre générations en faisant sortir à plusieurs reprises les mains jointes de devant l'estomac, s. bien loin derrière l'épaule. — Aïeux, même s. rad., mais on fait entendre qu'aïeux est plus près de nos pères, et que cela s'entend du grand-père au bisaïeul, ainsi il ne faut pas le s. de bien loin.

Ancien. s. porter à plusieurs reprises et fort loin le bras derrière son épaule comme pour le parfait d'un verbe avec l'air du visage qui dit c'est passé il y longtemps, s. adj.

Ane. s. nat. d'oreille d'âne, s. masc.

Anéanti. s. réduire à rien, on peut donner pour exemple une carte brûlée.

Anecdote. s. affaire secrete et cachée, s. chut, l'index sur les lèvres.

Ange. s. esprit créé, s. ailes en agitant les deux coudes.

Angélique. Même s., adjectif.

Angelus. s. sonner trois coups de cloche, Ave Maria, fin; trois autres coups, Ave Maria; trois autres coups, Ave Maria, puis branle.

Angleterre. s. angle, s. terre pour l'exp., s. roi, s. pays et passer la mer, s. contraire à nous et qui nous renonce.

Angoisse. s. douleur d'esprit, s. violente.

Animal. s. bêtes et cornes, s. bê, bê, s. cheval, etc., grands et petits.

Animer. s. allons, allons, ralentire pas. — Exciter, s. allons, allons, faites cela. — Encourager, allons, allons, peur pas. — Engager, 1er sens, on pousse doucement le coude de quelqu'un avec un air engageant ; 2e sens, s. recevoir de l'argent, s. cocarde. — Exorter, s. prêcher, s. pousser l'épaule.

Annale. s. livre, s. écrire, s. choses passées.

Année. Assemblage de 12 mois, s. féminin.

Anniversaire. s. tous les ans, s. substantif. — Annuel, même s. adj.

Annoncer. s. porter à la bouche l'*a man*, puis le présenter devant soi à divers points de droite à gauche. — Publier, même s. mais le *p. man.* avec plus d'activité élevant la main agitée comme ceux qui publient dans les rues des arrêts du parlement, s. trompette. — Prêcher, s. de croix, gestes, montrer le ciel, l'enfer. — Promulguer, s. publier, s. loi que l'on exp. en montrant les deux tables de la loi.

Annontiation. s. ange qui salue Marie, elle s'effraie, s. paix ne craignez pas, J.-C. incarné.

Annuel. s. tous les ans, s. adj.

Anonime. s. auteur caché, s. connu pas.

Antagoniste. s. pensée différente, s. disputer, v. contraire.

Antechrist. s. J.-C., s. opposé.

Antérieur. s. avant, s. adj.

Anthropophage. s. mangeur d'homme.

Anti. Préposition qui compose plusieurs mots, dans le 1er sens, elle signifie ante, s. avant comme antichambre ; 2e sens, elle sig. opposé comme antichrétien, als s. contre.

Antidote. s. boire du poison, s. se frotter l'estomac en exprimant la douleur et convulsions, s. prendre quelque chose contre.

Antienne. s. verset, s. avant le spaume.

Antipathie. s. esprit, s. air extérieur d'agir d'iffé-rent, s. contre.

Antipode. s. terre qui tourne, s. homme au-dessus de nous.

Antiquaille. s. chose vieille et ancienne, s. vaut rien.

Antique. s. ancien, s. plus.

Antre. Avec les mains, on fait une espèce de route en représentant que s'est sous terre, s. aller à tatons, s. reculer d'horreur.

Anxiété. s. agitation, peine d'esprit.

Appaiser. 1er sens, représenter avec la main l'agitation des flots dans une tempête, et par gradation une agitation moindre et encore une moindre ; 2e sens, appaiser une personne irritée, s. représenter une personne en colère, puis avec les mains faire comme si on lui disait doucement appaisez-vous. — Calme, même s. qu'appaiser au 1er sens, mais on étend les deux mains et on les présente à côté l'une de l'autre à la même hauteur montrer que les eaux sont tranquilles et de niveau au fig. s. cœur. — Pacifier, s. faire, s. paix.

Apanage. s. étendue de terre donnée, s. roi an 2, 3, 5e enfant.

Apathie. s. sentiment du cœur pas s. d'air d'indolence. — Voir le *v. man*, portez aux yeux et retiré promptement. — Regarder, même s. répeté, maison porte le *v. man*, sur un objet déterminé. — Fixer, s regarder fixement.

Apercevoir. Regarder à différent point dans le lointain pour découvrir une étoile puis le geste de qu'un qui dit je ne vois rien, ensuite regarder encore de tous ses yeux avec le geste d'un homme qui dirait ha ! je vois.je vois l'étoile, ce qui s'exécute en regardant la chose apperçue que l'on montre de l'index en allongeant le bras. — Entrevoir, s. regarder entre ses doigts. — Considérer, regarder doucement et avec la plus grande attention un objet du haut jusqu'au bas dans toute son étendue. — Examiner, regarder soigneusement ses deux mains en les retournant en tous sens, 2e sens interroger quelqu'un, s. bien, ou mal. — Contempler, frapper du pied la terre légèrement, reculer un pas et regarder tranquillement les deux paulmes de la main retournés en déhors. — Envisager, regarder le visage, s. en, s. visage.

A peu près. s. à, s. peu en posant le pouce sur l'extrémité du petit doigt qu'on élève en disant peu, s. près en approchant la main de son côté.

Apocalipse. s. livre, révélation faite à St-Jean.

Apocriphe. s. livre faux, ou bien, s. auteur inconnu.

Apologie. s. discours pour défendre quelqu'un, s. éloge.

Apoplexie, s. 1er montrer un air vif ; 2e tout à coup

comme un état de mort accompagné cependant de ronflement et difficulté de respirer.

Apostasier. s. foi, s. religion, s. rejeter ; 2° sens, religieux ou prêtre qui quitte son habit pour en prendre un profane.

Apothicaire. s. malade, on prend un papier écrit des mains de la personne qui arrive, on le lit, on considère les étiquettes des différents pots, on en donne de l'un et de l'autre, s. prendre de l'argent.

Apotre. s. un des douze, s. envoyés, s. prêcher l'évangile.

Appareil. s. préparation majestueuse, s. beaux habits, avec un air d'emphase.

Apparence (eucharistique). s. apparaître, s. subit, s. rondeur, s. gout, pain plus, mais corps de J. C. — Paroitre, se présenter la paulme de la main droite et poser la main gauche sous le coude droit pour le soutenir

Apparoitre. s. élever promptement la main droite perpendiculairement devant la main gauche dont le tranchant est perpendiculaire puis le geste de quelqu'un qui s'écrie ha ! — Disparaître, retirer promptement la main droite dans le sens opposé à apparoitre.

Appartement. s. chambre à dormir, à travailler, à recevoir compagnie on montre plusieurs chambres à la suite les unes des autres.

Appartenir. s. cette chose en la montrant, est à moi.

Appas. s. se passer la main sur la figure pour la montrer belle; s. se regarder dans le miroir et faire toilette, s. attirer, appas vient plus de l'art que de la nature.

Appeller. 1er sens, nommer une chose ou une personne) écrivez dans la paulme de la main gauche ; 2e sens, faire signe à quelqu'un de venir ; s. nat. 3e sens, appeler d'un tribunal à un autre, jugé par des magistrats plus grands.

Appesantir. s. mettre un poids sur un autre et faire remarquer qu'il est plus pesant.

Appetit, Commencer à manger d'un air indifférent ensuite agiter légèrement et avec promptitude les doigts devant la bouche pour montrer que l'appétit vient.

Applaudir. s. battre des mains et par tout l'extérieur montrer que l'on est content.

Appliquer. Mettre l'extrémité de la main droite sur le revers du poignet en remarquer que l'on y applique comme une emplâtre ; 2e s'appliquer à l'étude, lire attentivement, et montrer que pour ainsi dire l'esprit est appliqué sur le livre en portant l'index au front, siège de l'esprit, et de là sur le livre. — Porter, présenter en haut les deux paulmes de mains devant soi vers la poitrine.

Apporter. Même s. et le s. *à*, dirigé vers soi. — Emporter, s. *en*, s. porter dehors.

Apprécier. s. marquer le prix de différentes choses attribuant son prix à chacunes d'elles. — Priser, telle chose tel prix en frappant dans sa main avec une inclination de tête, vaut tant. — Couter, S. achetter tant monter un sol, un écu, 6 fr. — Valoir, *s. doit*, s. donner pour la chose, vaut en elle même tant. — Estimer, 1er sens, juger ce que vaut une chose, s. tenir la chose tantôt d'une main tantôt de l'autre d'un air dubitatif enfin d'un air décidé frapper sur la table en disant par ses gestes cela vaut tant ; 2e sens, s. *esprit*, s. *2*, *man.* pour marquer le respect.

Appréhender. Montrer de l'index ce que l'on craint, un chien qui veut mordre se retirer en tremblant. — Trembler, s. nat. — Craindre, trembler légèrement en regardant un objet. — Redouter, s. doute v. *man.* craindre fortement quelqu'un plus fort que soi.

Apprendre. Pour soi même, prendre quelque chose dans un livre porter ensuite la main au front à plusieurs reprises comme pour le faire entrer dans l'esprit ; 2e sens, apprendre à quelqu'un, porter sa main à son front, où dans un livre pour y prendre quelque chose et le porter au front d'un autre comme pour l'y faire entrer.

Apprêter. s. plat qu'on met sur la table et de l'index on goûte la sauce pour voir si elle est bonne. — Assaisonner, s. nat. d'assaisonner une salade.

Approcher. Étendre le bras droit et l'approcher du gauche par dégrés.

Approfondir. Faire descendre le bras perpendiculairement pour montrer la profondeur au figuré, approfondir une difficulté, même s. mais figuré. — Creuser, même s., mais des deux mains on ôte la terre.

Approuver. s. bien avec un d'approbation, approuver un livre, s. livre, s. écrire, s. bien.

Appuyer. S. nat., sur ses coudes, sur une table.

Apre. S. fruit, s. cracher en faisant la grimace, s. mûr pas, en tâtant le fruit. — Acre, faire une plus forte grimace, s. qui pique la langue.

Après. Plier les doigts de la main droite horizontalement et les présenter ainsi vers le dos.

Aptitude s. disposition, facilité d'esprit, s. *pour*.

Aquatile. s. animal qui nait et qui vit dans l'eau.

Aquilin. s. nez, avec le doigt on le représente croche comme le bec d'un aigle.

Arabe. s. peuples qui lisent et écrivent à rebour.

Araignée. s. petit animal dont avec les doigts on représente des pattes des toiles contre les murs.

Arbitre. s. contestations entre, s. d'un commun accord choisir une tierce personne qui juge lui à raison.

Arbre. Passer la main droite perpendiculairement dans la gauche, l'élever bien haut, montrer les branches qui s'étendent fort loin.

Arbriseau. Arbres petis.

Arbuste. s. arbre petit en élevant pas la main bien haut de terre, s. toujours, grand jamais.

Arc. s. nat.

Arcade. s. arc en forme de voute, s. passer dessous.

Arcenal, s. maison, s. assemblage de fusils, d'épées, de casques, etc.

Archange. s. ange, s. *plus*.

Arche. s, avec les deux mains faire une espèce de vote, s. eau coule dessous ; 2e sens, grand coffre, s. les tables de la loi enfermés dedans.

Archer. Bandoulière, s. pistolet, s. attaper les voleurs et les conduire et garotter.

Archevêque. s. d'évèque, s. plus.

Archidiacre. s. diacre, s. plus.

Archimandite. s. assemblée de moines, s. 1er qui commande.

Archipel. s. baisser et élever le poignet de la main droite pour représenter la mer, ensuite étendre les bras pour montrer l'étendue, s. faire voir des îles éparses çà et là.

Architecte. s. dresser un plan employer le compât, viser, aligner, s. commander des bâties, s. examiner.

Archive. s. lieu, s. papiers arrangés les uns avec les autres dans des cases, s. ancien, ancien.

Ardeur. s. feu dans le cœur.

Arène. s. lieu ou il y a du sable, combattre.

Arête. s. nat. qui pique.

Argent. Faire sonner la bourse, s. faire un petit rond pour montrer les pièces de monnaie.

Argile. s. terre molle, s. pour faire des pots.

Aride. s. terrre eau pas, s. produit rien. — Sec, s. soleil qui darde ses rayons, s. terre dure, légumes desséchés.

Aristocratie, s. pays païs, s. plusieurs, s. nobles, distingues, s. gouvernent ensemble.

Arithmétique. s. science de compter, additionner, soustraire, etc.

Arme. s. épée, pistolet, etc.

Armer. s. assemblage de soldats, on étend les bras pour montrer la multitude.

Armée. Donner a quelqu'un, une épée, un fusil, etc.

Armoire. s. mettre dans les tiroirs, habits, chemises, etc.

Armure. s. casque, cuirasse, bouclier ; avec l'index on montre un trait qui vient vers soit et qui est paré.

Aromate. Onguent dont on se frote le corps, s. sentir bon, beaume, s. plante, s. flairer, s. bon.

Arracher. s. nat. d'une plante qu'on enlève de terre avec force.

Arranger. s. *rad.* de mettre en ordre des chaises, des livres, etc. — Déranger, mettre ces différentes choses en désordre, s. de préposition, s. ranger.

Arrérage. s, rente en arrière, s. paye pas.

Arrêt. *S. rad.* d'arrêter, s. roi en parlement qui écrit pendu, etc.

Arrêter. s. d'un cocher qui arrête ses chevaux par les rênes, ou bien des deux mains on fait le s. d'aller vite et l'on s'arrête tout à coup.

Arrière. S. appuyer l'index sur la table pour exprimer le point où l'on est, s. loin derrière soi.

Arriver. Présenter devant soi à quelque distance de la poitrine les deux index, ensuite on les roule l'un sur l'autre en les ramenant vers soi, puis passer avec rapidité la main droite perpendiculairement devant la main gauche, les doigts et la paulme tournée vers le visage.

Arrogance. s. parler aux autres et les regarder du haut de sa grandeur.

Arrondir. s. tracer un carré en retrancher les an-angles.

Arroser. s. nat.

ARSENIC. s. poison violent, s. mourir tout à coup.
ART. Science, s. du comment en retournant les 5 doigts des deux mains, s. faire bien.
ARTICHAUT. s. nat. et tremper les feuilles dans la sausse.
ARTICLE. s. le, mis au substantif.
ARTICULER. s. prononcer fortement mon si eur, monsieur.
ARTIFICE. 1er sens, s. nat. mettre le feu, l'artifice s'élève dans les airs.
ARTILLERIE. s. maison, s. assemblage de canons.
ARTISAN. s. homme, s. raboter, limer, scier, etc.
ARTISTE. s. homme qui travaille avec beaucoup d'esprit, s. bien.
ASCENSION. s. J.-C. monte au ciel, s. fixer, s. vois plus.
ASILE. s. être poursuivis, s. courrir dans un endroit, s. crainds plus.
ASPERGE. s. légume à longue queue, petit grain à l'extrémité, s. trempé dans la sauce.
ASPERGER. s. nat. de l'aspersion de l'eau bénite.
ASPIC. Petit serpent, s. piquer la jambe, s. enflé.
ASPIRER. 1er sens, attirer l'air dans sa poitrine ; 2e sens, désirer de l'argent, une mitre, etc.
ASSAISONNER. s. nat. d'assaisonner une salade.
ASSASSINER. s. tuer par derrière à l'improviste.
ASSAUT. s. ville, s. ennemis attaqués, s. monter contre les murailles et faire brèche.
ASSEMBLER. s. appeler de côtés et d'autres, s. ensemble.
ASSEOIR. s. nat.
ASSEZ. Fermer les doigts de la main gauche pour

représenter un verre, s. assez par dessus la main droite en élevant la main avec l'air de dire vous avez assez versé de vin, etc.

Assidu. s. être toujours présent.

Assister. Etre présent en présentant les deux paulmes de la main ; 2e sens, donner l'aumone à pauvre ; 3e sens, s. servir, s. malade.

Associer. Prendre un ou plusieurs compagnons ; pour l'exécuter on peut apporter plusieurs négociants qui mettent ensemble de l'argent pour entreprise, ou bien en marchant on en prend un sous le bras, puis un deuxième, puis un troisième, etc.

Assomption. Fête de la Sainte Vierge, s. monter au ciel.

Assommer. s. grand coup sur la tête, s. tomber et selon les cas s. mourir.

Assoupir. s. de quelqu'un qui lit, qui s'endor, qui se réveille et se réveille.

Assujettir. s. commandement, s. mettre dessous. — Soumettre, s. mettre dessous.

Assurer. s. oui, mais fortement et à plusieurs fois, doute pas.

Asthme. s. respirer avec peine.

Astre. Montrer le ciel à plusieurs points, pas bien, écartées les unes des autres, s. briller, s. beaucoup.

Astrologie. s. sciences des astres, les regarder avec attention, telle chose sera.

Astronomie. s. science de mesurer la grandeur, con sidérer le mouvement des astres.

Atelier. s. chambre, s. assemblage d'hommes qui fendent du bois, qui rabotent, etc.

Athée. s. hommes, s. ne croient pas en Dieu, et on y ajoute péché, grand péché.

Athlète. Hommes courageux montrant ses muscles, courir, lutter, etc.

Atmosphère. s. région basse de l'air, s. vapeurs qui sortent de la terre et qui font clignoter.

Atôme. s. montrer des petits grains de poussière qui voltigent dans les airs.

A tort, a travers. s. réflexion pas, s. agiter la main droite, à droit et à gauche comme un étourdi.

Atours. s. dame, s. à, s. tour en faisant un demi-cercle en se rengorgeant et montrant ses beaux habits.

Atrabilaire. s bile, eau qui sort de l'intérieur du corps faisant comme si on voulait vomir, s. noire avec un air rêveur et mélancolique.

Atroce. s. cruel, s. trop grand, avec un air indigné levant les yeux et les mains au ciel.

Attacher. s. nat. on attache une estampe, etc., au figuré s. cœur.

Attaquer. 1er sens, frapper quelqu'un à coup de poing et tirer l'épée d'un air menaçant ; 2e sens, attaquer à la dispute, s. appeller, s. contre, s. parole ; 3e sens, attaquer sur un grand chemin le pistolet sur la gorge pour avoir la bource.

Atteindre. s. de montrer la main élevée à une hauteur où l'on atteint.

Attendre. s. vient pas, s. long avec un air d'ennui.

Attendrir. Se dit du cœur, on met les mains sur

le cœur à différends endroits comme pour le paitrir, s. miséricorde avec un air de bonté.

Attentat. s. péché grand, grand en élevant la main avec un air d'indignation.

Attention. s. penser et rapporter l'index sur la chose dont il s'agit.

Attester. s. oui, fortement et à plusieurs reprises, doute pas j'ai vu, j'ai entendu.

Attirer. s. tirer, s. à l'index vers soi ; au figuré, s. esprit, s. cœur. — Tirer, s. nat.

Attitude. s. représenter une statue, exemple, la tête appuyée sur le bras.

Attrait. s. fixer la personne, montrer belle figure, pencher le cœur, et porter devant elle les mains d'un air gracieux.

Attraper. 1er sens, s. nat. attraper les mouches, ou quelqu'un à la course ; 2e sens, tromper quelqu'un, s. faire, s. croire, et pour exemple on présente à quelqu'un un morceau de craie blanche pour du sucre, on tâche de lui persuader que s'en est, ensuite on se moque de lui.

Attribuer. s. à, s. donner.

Attrister. Se presser le cœur avec les deux index du haut en bas avec un air de peine, se passer la main sur la figure pour montrer qu'elle est allongée. — Chagriner, serrer le cœur avec les deux mains élevant les yeux au ciel et montrant son affection par l'air du visage.

Attrition. Cœur un peu brisé, s. honte de confesser ses péchés.

Avaler. s. nat.

Avancer. s. aller, s. avant le tout à plusieurs reprises.

AVANIE. s. battre ou se moquer de quelqu'un, s. tout le monde le huer, s. faire devenir rouge.

AVANT. Diriger vers soi la main droite les doigts recourbés.

AVANTAGE. s. avant, s. plus qu'un autre.

AVANTAGER. s. à vous je donne cinq sols, à vous vingt-quatres.

AVARICE. Grand amour de l'argent, s. mettre à part dans son coffre avec des yeux qui annoncent qu'on a peur qu'il échappe, s. fermer bien.

AUBERGE. s. maison, enseigne à la porte, s. payer, s. manger tous les jours.

AUCUN. s. rien, abverbifié.

AUDACE. s. maître ou supérieur, s. lui parler avec emportement.

AU DEÇA. De ce côté-ci, on représente une rivière, et avec la main droite on fait voir qu'on ne la passe pas.

AU-DELA. Par la même, mais on porte son bras par dessus.

AU-DEVANT DE. s. d'un homme qui va au-devant d'un autre.

AUDIENCE. 1er sens, faire entrer quelqu'un, prêter l'oreille pour l'écouter attentivement, et quand il a parlé, il se retire ; 2e sens, s. lieu, s. juges écoutant les plaideurs.

AUDITOIRE. s. assemblée d'hommes qui écoutent.

AVEC. s. creuser les deux mains en demi-cercle et les approcher l'une de l'autre comme si on voulait faire une boule avec une matière molle.

AVÈNEMENT. s. venir, substantif.

AVENIR. s. tems, s. futur.

Avent. s. venir, s. tems, t, *man* : heure qui s'écoule.

Aventure. s. à, s. venir, s. subst. s. air de surprise et innatendu.

Avenue. s. maison dans le lointain, s. grande allée devant bordée d'arbre.

Aversion. s. regarder une personne qui vient, tâcher de l'éviter; le s. détester avec agitation.

Avertir. s. pousser le bras de quelqu'un avec l'air de dire faites attention, prenez garde à vous.

Aveu. s, moi péché, s. oui, oui.

Aveugle. Jetter du tabac dans les yeux, je ne vois plus.

Augmenter. s. avancer les deux mains couchées devant soi à partir de l'estomac.

Augure. s. regarder les oiseaux voler, s. juger cela sera.

Auguste. s. de vénération, s. *à man.*

Avidité. s. désir insatiable, s. toujours en dévorant les yeux.

Avilir. s. grand d'une main, et de l'autre abbaisser jusqu'à la terre avec un air de mépris. — *Mépriser*, bouffir et repousser le dehors de la main avec un air de mépris. — *Dédaigner*, s. daigner, s. *man.*, puis un air de mépris, et pour l'exprimer, s. de quelqu'un qu'on refuse d'embrasser par mépris.

Aujourd'hui. s. au, s. jour, qui s'exécute en décrivant avec l'index le cours du soleil du levant au couchant, d'hui s. du présent.

Aviron. s. nat. de l'instrument qui fait avancer le bateau.

Avis. s. nat. de dire à quelqu'un, il ne faut pas faire telle chose avec un air étonné sans manquer de supériorité, ce qui n'appartient qu'au Conseil.

Aviser. Regarder avec attention à divers points et diriger l'index vers un but, s. viser, s. à.

Aumône. s. pauvre qui baise et tend la main, donner de l'argent.

Aumuce. s. passer la main droite sur le bras gauche pour représenter la peau de martre que portent les chanoines.

Aune. s. de mesurer avec l'aune, substantif.

Avocat. s. grande robbe, la chausse, les cheveux long, s. plaider.

Avoir. Ouvrir les deux mains et les approcher de soi en demi-cercle.

Avouer. Dire oui j'ai fait telle chose, oui moi péché.

Auparavant. s. au, s. par, s. avant.

Auprès de. s. très près, très approcher la main droite du côté gauche. — Près de, pas de bien près, on tient la main plus éloignée. — Proche de, ne se dit pas des personnes, mais des choses qui ne se touchent pas immédiatement, on montre deux choses, puis avec les deux bras on fait voir qu'elles ne se touchent pas quoique peu éloignée.

Auriculaire. s. porter l'index à l'oreille, adj. s. parler bas.

Avril. Quatrième mois de l'année.

Aurore. s. nuit pas, jour qui commence, on ouvre les yeux petit à petit avec un air de plaisir en faisant remarquer que le jour s'étend à mesure.

Auspice. s. protéger, s. sous les ailes de quelqu'un.

Aussi. On met une main sur la table, ensuite on en rapproche l'autre et *cette réunion forme le signe radical.*

Aussitôt. Même s. *radical*, tôt élever rapidement la main droite sur la paulme de la gauche.

Austère. s. vie dure, jeûne, mortification.

Autant. s. au, ensuite un signe qui annonce qu'il est égal.

Autel. s. carré, oblong, cinq croix, une à chaque coin, une au milieu, s. offrir le Saint-Sacrifice.

Auteur. s. faire, s. premier, s. homme.

Autentique. s. écrit qu'on montre, s. vrai, vrai.

Autographe. s. livre point, s. écrit de la main de l'auteur.

Automate. s. nat. d'une statue de bois qu'on agite par ressorts.

Autonne. s. tems où les feuilles tombent, et où on recueille les fruits des arbres. — Printemps, s. froid plus, s. tems on les arbres commencent à reverdir, s. air de s'épanouir. — Eté, s. tems chaud, s. couper du bled. — Hiver, s. temps froid, présenter les mains devant la cheminée, s. glisser sur la glace.

Autoriser. s. donner, s. pouvoir.

Autorité. s. pouvoir, s. donné.

Autour de. s. un grand cercle qu'on fait doucement avec les mains autour de soi.

Au travers de. s. allée q'uil faut passer en avançant devant soi les deux mains, les paulmes se regardant.

Autre. Présenter à plusieurs fois les revers de la main droite avec le geste de repousser; exemple, on me présente une plume, non ce n'est pas celle-là que je veux, donnez-m'en un autre, une autre.

Autrefois. s. autre, s. fois, en y joignant le signe du passé pour exprimer qu'on parle d'un tems passé.

Autrement. s. autre, s. manière, en se maniant les mains comme pour comment, s. adv.

Autre part. s. autre, s. part, ici, pas, ailleurs.

Autruche. s. gros oiseau, s. bec long et pointu, jambe très longue.

Autrui. s. pas moi, s. autre homme.

Auxiliaire. s. secours, venir au secours.

Axe. s. faire passer une ligne par une boucle et montrer les deux extrémités ou pole.

Axiome. s. règle, s. claire.

Azime. s. détremper la farine, levé pas, s. mettre sur le feu.

Azur. s. bleu de ciel.

B

Babiller. s. parler, s. beaucoup de chose inutile, lequel s'exécute en agitant avec vivacité les deux index devant la bouche à tors et à travers ; pour l'exprimer, on fait comme une personne qui parle beaucoup. — Parler, s. *p. man.* envoyé aux oreilles d'un autre. — Causer, s. dire chose nécessaire pas. — Jaser, parler avec vivacité les deux mains devant sa bouche avec le p. man., puis s. peu en haussant les épaules. — Converser, s. *p. man.* dérigé à une ou deux personnes retourné vers soi et répété plusieurs fois. — Entretenir, s. entre, s. tenir, s. paroles ; 2e sens, entretenir, quelqu'un lui fournir les choses nécessaires, nourriture, habit, etc.

Babiole. s. chose de peu de valeur en frappant le pouce sur l'extrémité du petit doigt et l'élever avec l'air d'en faire peu de cas.

Babord. Le côté gauche du navire, quand on regarde le devant ou la proue d'un vaisseau.

Babouin. s. enfant, s. étourdi.

Bac. Bateau large et plat, s. passer les chevaux sur la rivière.

Bachelier. s. premier, s. degré en élevant alternativement les index pour le doctoral.

Badaut. s. amuser à regarder et admirer tout ce qui se rencontre, s. niais, bouche béante.

Badin. Enfant qui folâtre.

Badiner, s. on fait des badinages d'enfant, avec la main frapper sur l'épaule, arracher les cheveux, etc.

Bagage. s. soldats, s. entasser habits, chemise, etc., s. porter au loin dans une charette.

Bagatelle. s. chose de rien.

Bagne. s. lieu, s. assemblage de galériens, les fers aux pieds deux à deux.

Bague. s. anneau qu'on porte au quatrième doigt de la main.

Baguette. Bâton mince et pliant qu'on agite dans la main.

Bail. s. maison, terre à louer, s. écrire devant notaire.

Bailler. s. prendre le contrat, le lire et dire oui des deux mains.

Bailli. s. juge d'une province.

Baillage. s. lieux juges assis autour, s. juger pour le roi.

Baiser. s. nat.

Baisser. s. étendre horizontalement les deux mains et faites-les descendre ensemble par gradation, le s. nat. que l'on fait à un ouvrier pour lui faire abaisser un tableau ou une estampe qui seraient attachés trop haut.

Bal. s. assemblée de garçons et filles, s. jouer du violon, danser.

Balai. s. nat.

Balcon. s. fenêtre, pierres qui avancent, s. balustrade autour.

Balayer. s. nat.

Baldaquin. s. dais qu'on porte sur le Saint-Sacrement, ou bien qu'on met dessus un lit.

Baleine. s. poisson, s. le plus grand.

Balle. s. petite boule, s. mettre dans le fusil; 2° sens, petite boule de laine jetée contre un mur.

Balon. s. souffler dans ses mains pour les faire enffler, en montrer la grosseur, s. jetter en l'air.

Balustrade. s. chœur de l'autel séparé par une grille à hauteur d'appui.

BAN. s. finir les prières du rituel, s. mariage futur, s. publier.

BANDE. s. bande, s. plusieurs personnes réunis.

BANDI. s. passion, cœur, sentiments pas, s. courir le pays, armes dans sa poche.

BANLIEUE. s. ville, s. environ de la ville où le juge commande.

BANNIÈRE. s. nat. qu'on porte devant la procession.

BANQUE. s. lieu, s. déposer de l'argent et montrer qu'il y en a dans différents coffres, s. prendre une lettre de change pour aller loin.

BANQUEROUTE. s. devoir payer pas, mettre la clef sous la porte et s'en aller, venir voir bouche béante.

BANQUÊT. s. grand repas à ses amis, au figuré la 1re communion.

BAPTISER. s. nat.

BARATTER. s. nat.

BARBARE. s. peuple éloigné, s. air sauvage et grossier ; 2e sens, cœur bon pas, s. cruel qui se peint dans les yeux et l'extérieur.

BARBIER. s. raser, homme.

BARBOUILLAGE. s. tremper le pinceau dans les couleurs et aller sans ordre, au figuré discours mauvais.

BARIL. Petit tonneau.

BARRIQUE. s. tonneau que l'on avance devant soi en roulant avec les mains et avec effort comme font les crocheteurs.

BAROMÈTRE. s. appliquer au côté de la fenêtre, s. mercure vif, s. argent, s. monter et descendre.

Baron. s. petit terrain qu'on décrit en faisant un demi-cercle en zig-zag, s. homme qui commande s. b., man.

Barque. s. petit vaiseau à un mât, s. transporter des munitions.

Barreau. s. lieu où plaident les avocats en faisant remarquer que les juges sont sur des sièges plus élevés.

Basané. s. teint brûlé par le soleil, s. un peu noir.

Base. 1er s. appuyer sur la table le revers de la main, 2d faire descendre dessus perpendiculairement comme une colonne.

Basilic. s. serpent qui fait mourir par son regard.

Basilique. s. grande église la nef soutenue par des colonnes avec des ailes à côté.

Bassin. s. avec les deux index faire un cercle, s. vaisseau plat pas bien profond.

Bassiner. s. nat.

Bastille. s. château avec des tours, s. y mettre des prisonniers.

Bastonnade. s. coups de bâton redoublés.

Bateau. s. petit vaisseau pour passer le monde d'un côté d'une rivière à l'autre.

Batir. s. poser la main l'une sur l'autre à différends points et toujours en montant, puis représenter avec les deux mains le comble.

Baton. s. bois long et rond sur lequel on s'appuie en marchant.

Battre. s. nat.

Bavard. s. homme qui parle, vaut rien.

Baver. s. nat.

Bayer. Regarder quelque chose la bouche ouverte,

Béant. Qui a la bouche ouverte.

Beau. s. regarder la chose d'un œil fixe et curieux et passer la main sur le tour du visage avec l'air de dire beau. beau joli, même s. mais avec un œil plus éveillé plus riant et plus pétillant.

Beaucoup. Fermer la main droite et l'ouvrir à plusieurs reprises toujours en montant.

Bécher. s. nat.

Bedeau. s. robe et verge à la main; s. place, place monsieur le curé qui vient après en étole.

Bégayer. s. nat.

Béguine. s. air de piété affectée, s. fausse dévotion s. fem.

Bêler. s. frapper la gorge avec l'index pour imiter le bêlement du mouton bé bé.

Bélier. s. mouton, s. corne.

Bénéfice. s. chapelle, s. dire la messe, et chanter, s. recevoir de l'argent tous les ans.

Benin. s. de souris gracieux, s. penchant à faire du bien.

Bénir. 1er sens, s. de croix sur quelqu'un. 2e sens louer quelqu'un, s. parole, s. honneur, h. man. pour exprimer le respect, 3e sens. désirer du bien à quelqu'un, s. désirer, s. bien, s. à vous, ou à lui.

Béquille. s. nat. en exprimant la difficulté de marcher.

Bercail. s. lieu, moutons assemblés, s. fermé à clef.

Berceau. s. petit lit y coucher un petit enfant.

Bercer. s. nat.

Bergamote. s. petite tabatière peinte, s. bons bons dedans.

Berger. s. moutons, s. houlette, s. chien, s. regarder de tous côtés.

Besace. s. sac sur l'épaule suspendu vers l'épaule le dos et la poitrine.

Besogne. s. les bras croisés pas, s. travail beaucoup à faire.

Besoin. De la chose, je n'ai pas, il faut, s. je désire.

Bétail. s. animaux à 4 pieds, vaches, bœufs, moutons.

Bête. s. animal, raison pas, 2e sens, air stupide, esprit pas.

Beurre. s. traire les vaches, battre la crême puis couper avec un couteau et l'étendre sur du pain.

Bible. s. assemblage de livres saints en un seul volume.

Bibliothèque. s. lieu, s. livres rangés tout autour.

Bien. s. porter l'index et le doigt du milieu de la main droite à la bouche faisant avec les lèvres le signe nat. d'une bonne chose, subs. ou adj. selon le cas.

Bientot. s. bien, s. tôt en présentant devant soi la paume de la main gauche, et faisant passer rapidement devant elle et perpendiculairement la droite.

Bienveillance. s. bien, s. affection de cœur.

Bigame. s. marié deux fois, adj.

Bigler. s. nat. loucher, avoir la vue de travers.

Bigot. Mains jointes, air de dévotion, et si on voit qu'on est aperçu faire des grimaces.

Bijou. Bague au doigt, bracelet, pendant d'oreille, beau très beau.

Bile. Passer l'index vers l'estomac. s. vomir, s. jaune.

Bisaieul. s. grand-père à deux fois, s. passé, subst.

Bizarre. s. penser pas comme les autres.

Biscuit. Représenter la caisse de papier, s. sucre, s. à la pâte, bon.

Blamer. s. penser, ou dire, ou juger, qu'une chose n'est pas mauvaise. s. pas bien, mal.

Blanc. s. on montre ses manches ou quelque chose de blanc.

Blanchir. s. laver, frotter, montrer ses manchettes.

Blason, s. sciences des armoiries en montrant un cachet.

Blasphémer. s. parler, s. contre Dieu, expl. pourquoi Dieu m'a-t-il faite sourde et muette, regardant le ciel avec un air de colère et mépris.

Blé. s. plante superficie penchée, s. grains pour faire du pain.

Blesser. s. nat. d'une contusion ou d'une plaie.

Bocage. s. arbres de côté pas bien grand, si frais avec un air de contentement.

Bœuf. Corne qu'on fait avec les deux pouces et les deux petits doigts, s. marche pesante.

Boire. s. nat.

Boiter. s. nat.

Bombe. s. grosse boule, remplir de poudre y mettre le feu, s. sauter en l'air.

Bon. s. bien, adjectif.

Bonbons. s. bon répété, ensuite porter l'index à la bouche pour exprimer friandises.

BONHEUR. s. bon h.man. et se frotter les mains d'un air de satisfaction.

BONJOUR. s. bon, s. jour.

BORDER. s. nat.

BORGNE. qui n'a qu'un œil, s. œil, s. seul.

BORNE. s. pierre en pyramide que l'on appuie contre la muraille, s. voiture, s. passer à côté, 2e sens limite, s. jusqu'à, s. fin.

BOSQUET. s. arbrisseau taillé avec art en arbrisseau allée diversement combinée

BOTANIQUE. s. science des plantes, s. regarder et cueillir des plantes attentivement, celle-ci bonne. celle-la mauvaise rejettée.

BOUC. s. animal d'une certaine hauteur, s. corne, barbe longue au menton, s. sentir mauvais.

BOUCHER. s. nat. de boucher une bouteille.

BOUCHER. s. tuer un bœuf, vache, s. vendre viande.

BOUCLIER. s. javelot qui vient vers soi, s. parer en présentant la main.

BOUDER. s. nat. faire la mauvaise humeur.

BOUE. s. pluie, s. crotte dans les rues en montrer à ses bas.

BOUFFON. s. faire des tours de force et d'adresse, s. faire rire tous les assistants.

BOUGIE. s. allumer, s. qui ne mollit pas entre les doigts qui ne sent pas mauvais.

BOUILLI. s. viande rôtie pas, s. cuite dans l'eau.

BOUILLIR. s. on agite les dix doigts rassemblés pour représenter le bouillonnement de l'eau qu'on imite encore par le mouvement des lèvres, pa, pa, pa.

BOULET. s. boule mettre dans le canon.

Bouquin. s. livre rongé par les bords, s. vieux.
Bourbier. s. creux dans la terre, s. eau qui ne coule pas, s. sentir mauvais.
Bourg. s. petite ville.
Bourgeois. s. ville, s. maison où l'on couche et demeure, s. bien habillé, bonne nourriture.
Bourreau. s. traîner quelqu'un la corde au col, le prendre, lui rompre les jambes.
Bourrique. s. âne en montrant les deux oreilles.
Bourru. s. manières grossières et rebutantes.
Boussole. s. boîte, aiguille, s. tourner en tous sens, s. toujours, toujours au nord.
Bout. s. extrémité de quelque chose qu'on montre.
Boutique. s. lieu ouvert, s. marchandises de tous côtés étalées.
Bouton. s. nat.
Boutonner. s. nat.
Bouture. s. branche d'arbre qu'on plante dans la terre, ou bien rejeton qui pouse au pied d'un arbre.
Boyau. s. appuyer les mains sur le ventre, s. faire semblant d'ôter un boyau en défilant comme une corde.
Bracelet. s. nat.
Brancard. s. malade suspendu et porté par deux hommes.
Branche. s. nat.
Bras. s. nat.
Brasier. s. bois consumé, s. feu ardent, rouge au visage.
Brasse. s. étendre les deux bras, et mesurer de la grandeur.

Bravoure. s. soldats, s. sang pétillant, aller au devant de l'ennemi.

Brebis. s. doux et caresses, s. bé, bé, s. b. man.

Brèche. s. couteau petite fracture.

Bref. s. pape qui écrit, s. apposer le sceau.

Breloque. s. chaîne de montre, s. faire sonner en agitant les petites.

Brève. s. en prononçant un mot vite, vite.

Brevet. s. roi qui écrit, s. grâce, ou bien don qu'il fait.

Bréviaire. s. prêtre, faire le signe de la croix prendre son livre et réciter, s. tous les jours.

Breuvage. s. eau, vin, tisane, tout ce qu'on boit.

Bride. s. nat.

Brigade. s. régiment de soldats, s. détacher une partie envoyer là.

Brigand. s. grand chemin, main armée, s. voleurs.

Brigue. s. désirer une dignité, s. poursuivre ardemment. — Lumière, agiter tranquillement les cinq doigts, dirigés en haut, étendre les mains pour marquer qu'elle s'étend dans l'appartement, subst. — Luire, s. lumière, s. infinitif. — Reluire, même s. p. man.

Briller. Même s. mais avec un petit clignotement des yeux pour montrer qu'ils sont affectés. — Eblouir, même s. ou bien regarder le soleil, mais fermer les yeux.

Brin. s. herbe, s. couper la superficie.

Brique. s. terre cuite au four, s. tailler, s. paver les appartements.

Briquet. s. nat.

Briser. s. plusieurs morceaux. — Rompre, s. d'un morceau de pain qu'on rompt. — Casser, s. casser des noix, noyau, laton. — Fracasser, s. rompre en beaucoup comme une assiette qu'on laisserait tomber de fort haut et on montre des morceaux épars ça et là.

Brocard. Raillerie qui pique le cœur.

Broche. s. nat.

Brochure s. livre relié pas.

Bronze. s. dur, jaune, j. man.

Brossaille. s. assemblages de petits arbrisseaux, qui piquent les jambes.

Brosse, s. nat.

Brouillard. s. vapeurs qui sortent de la terre qui fait mal aux yeux, s. voit pas.

Brouiller. 1er sens, mettre tout pêle-mêle comme des cartes, brouiller du fil. 2e sens, se brouiller, s. prêcher, hésiter ce qui paraît par les lèvres, les yeux et les gestes, faire le plongeon et descendre de chaire. 3e sens, se brouiller avec quelqu'un. s. amis, s. pas davantage.

Bruit. s. frapper sur la table porter l'index à l'oreille et se la frapper doucement pour montrer que le bruit y répond.

Bruler. s. nat.

Brume. Petite pluie.

Brun. s. noir et rouge mêlé ensemble, robe de capucin.

Brusque. Qui agit et qui parle avec vivacité et durement.

Brut. s. pierre unie pas, hérissée, pas travaillée.

Brutal. Celui qui vit comme une bête.

Buche. s. nat.

Bûcher. s. assemblage de bois, y mettre le feu.

Bucolique. s. dialogue des bergers sur la campagne.

Buffet. s. salle à manger, s. table à l'écart, où l'on pose les assiettes.

Buisson. s. assemblage de petit bois vert.

Bulle. s. lettre du pape en parchemin, s. sceau au bas, figure de St. Pierre et St. Paul.

Bureau. s. table pour écrire, s. chambre d'assemblée.

Burette. s. nat.

Buste. s. figure portrait jusqu'à la moitié de la poitrine.

But. s. viser quelque chose, s. fin.

Butin. s. guerre, s. prise sur les ennemis.

Buveur. s. qui aime à boire du vin, et qui en boit souvent.

C

Cabane. s. petite maison couverte de paille.

Cabaret. s. maison, s. vin à boire ici, ou porter avec soi pour de l'argent.

Cabinet. Petite chambre la plus reculée au bout des appartements, s. bien ornée, travailler, penser, écrire.

Cacher. On cache sa main avec sa robe.

Cacheter. s. nat.

Cachet. s. nat.

Cachot. s. criminel, mains liées, fers aux pieds, s.

ouvrir une porte au-dessous du rez-de chaussée, s. noir et fermer à double tour.

CADAVRE. s. corps mort, s. sent mauvais.

CADENCE. Battre des mains et du pied avec poids et mesure comme pour la musique.

CADET. s. né le second.

CADRAN. s. nat.

CADRE. s. carré et mettre une image au milieu.

CADUC. s. courbé vers la terre, s. vieux, vieux.

CAFARD. s. manière affectée pour tromper.

CAFÉ. s. petit grain, mettre sur le feu, s. moudre, etc.

CAGE. s. nat.

CAGOT. Air affecté de dévotion, s. trompeur.

CAHIER. s. plusieurs feuillles de papier les unes dans les autres et cousues ensemble.

CAHOT. s. voiture, s. pierre qui se rencontre, s. saut.

CAHUTE. s. petite maison sur les grands chemins, s. pauvre, s. s'y réfugier.

CAILLOU. s. pierre dure, s. sortir du feu.

CAISSE. s. carré creux d'une certaine hauteur, ou l'on met des marchandises, ou des oranges.

CALAMITÉ. s. grand malheur. s. général.

CALCUL. s. science de compter plusieurs lignes de chiffres.

CALENDRIER. s. livre qui contient les mois, les jours et fêtes de l'année, s. avec ordre et disposition.

CALICE. s. nat.

CALMER. Représenter avec les mains étendues, à côté l'une de l'autre à la même hauteur, l'agitation des flots dans une tempête, et par gradation une agitation moindre, encore une moindre, et montrer que les eaux sont tranquilles, et de niveau, au fig. cœur.

CALOMNIER. s. dire, a menti, a volé, etc., pas vrai, moi menti, ce qui s'exécute en croisant sur la bouche les deux index agités en tous sens.

CALOTTE, s. nat.

CALVAIRE. s. les deux mains jointes par l'extrémité des doigts, représenter une montagne, s. croix au haut, J.-C. crucifié.

CAMAIL, s. nat.

CAMARADE. s. prochain en approchant la main droite du coude gauche, s. aimer, boire, manger ensemble. c, a, man. — Compagnon, même signe, c, o, manuel.

CAMELOT. s. étoffe, laine et poil mêlé ensemble.

CAMP. s. armée qui marche et puis qui s'arrête, s. planter des piquets et lever des tentes audessus.

CAMPAGNE. s. étendre les mains pour exprimer le terrain, s. bêcher la terre, herbe qui pousse, troupeau qui broute.

CAMUS. s. nez écrasé.

CANAILLE. s. hommes, femmes, cœur, sentiments pas, s. air de mépris.

CANAL. s. bien creusé, s. eau claire qui coule.

CANDEUR. s. air modeste et ingénu, s. âme pure et blanche.

CANIF. s. nat.

CANON. s. 1er sens, s. règles ordonnances de l'église, 2e sens, partie de la messe après la préface.

CANONICAT. s. bénéfice de chanoine.

CANONIQUE. s. selon ou conforme, s. règle de l'église, adj.

CANONISER. s. mort, s. pape qui interroge, s. oui, oui, miracles, s. déclaré saint.

CANTIQUE. s. chants spirituels en l'honneur de Dieu.

CANTON. s. c. man. décrivant une circonférence en zig-zag.

CAPABLE. s. puissance intérieure en agitant les deux poings fermés et puis on montre la chose en question, pour explication, lire, écrire, adjectif.

CAPACITÉ. s. esprit, puissance intérieure. Substantif.

CAPITAINE. s. hausse-col, s. chef portant la main à la tête, s. premier, s. commandement.

CAPITAL. s. chose très importante. 2e sens (péché), s. chef, s. source d'où coule, etc.

CAPITALE (ville). s. ville, s. première.

CAPITATION. s. droit, argent demandé pour le roi par chaque personne.

CAPORAL. s. soldats, s. deux petites bandes sur le bras gauche.

CAPRICE. s. esprit déréglé, s. je veux telle chose, s. non je veux telle autre, ensuite une troisième encore différente.

CAPTIEUX. s. raisonner, argumenter d'un air sérieux, s. faire entrer l'erreur dans l'esprit et sourire.

CAPTIF. s. poings liés, s. homme.

CAPTIVER. s., 1er sens, faire captif, s. poings liés; 2e sens, captiver la raison sous le joug de la foi, s. foi, s. croire; 3e sens, captiver les bonnes grâces, l'amitié de quelqu'un, même signe radical de captif.

CAPTIVITÉ. s. poings liés, adj. substantifié.

CAPUCHON. s. nat.

CAPUCIN. s. sandale, s. froc, s. grande barbe.

CAQUET. s. parole, parole, parole, peu de chose en portant le pouce sur le bout du petit doigt et l'élevant avec l'air d'en faire peu de cas.

CAR. s. porter l'index gauche au front avec un air de réflexion pour montrer la suspension que fait ce mot dans le discours, puis montrer avec l'index droit la suite de la phrase qui est l'effet du mot car.

CARACTÈRE. 1er sens, d'imprimerie, s. nat., 2e sens, sacramentel, s. marque, s. âme, s. effacée pas, subs.

CARCAN. s. poteau voleur attaché par le cou.

CARCASSE. s. corps, viande plus, s. des os seulement.

CARDINAL. 1er sens, principal, vertus la prudence, la justice, la force et la tempérance ; 2e sens, chapeau, calotte, soutane rouge.

CARÊME. s. 40 jours de jeûne et de pénitence.

CARESSER. s. nat. de caresser un enfant, un chien, etc.

CARNAGE. s. air de fureur, tuer à droite et à gauche, s. ruisseaux de sang.

CARNAVAL. s. temps de folie, masques, danse.

CARREFOUR. s. lieu, rues qui y viennent aboutir.

CARRIÈRE. 1re sens, s. fouiller la terre, s. ôter de grosses pierres pour bâtir ; 2e sens, s. espace, s. courir.

CARILLON. s. cloche, battre la mesure d'un air gai, harmonieux.

CARROSSE. s. personne riche monter en voiture à 4 roues, s. fouette cocher.

Carte. s. nat.

Carton. s. coller plusieurs feuilles de papier ensemble, s. épais.

Cas. s. ce qui arrive.

Cascade. s. eau qui tombe d'une hauteur par degré.

Caserne. s. plusieurs maisons de suite, s. soldats, dormir.

Casque. s. soldats, s. bonnet sur la tête, s. dur et flèches qui viennent frapper contre.

Casser. s. casser des noix, noyaux, bâtons.

Casuel. s. dubitatif, arrivera, ou n'arrivera pas, adj.

Casuiste. s. docteur, s. expliquer, péché, ou non, restituer ou non.

Catafalque. s. représentation d'un cercueil, le drap mortuaire dessus, et les cierges autour, église tendue en noir, oraison funèbre.

Catalogue. s. noms écrits tout le long de la page

Catarrhe. s. humeurs qui coulent sur une partie du corps, remuer pas.

Catastrophe. s. fin, bouleversement, s. malheureux, très malheureux.

Catéchisme. s. petit livret, s. interroger un enfant, s. écouter, s. bien, un autre bien, un troisième, s. âne à genoux.

Catéchumène. s. baptisé pas, s. désire le baptême, apprendre la foi.

Catégorie. s. regarder différentes choses, celles qui sont de même nature faire un cercle et les mettre ensemble, et ainsi de celles qui sont de la même espèce, s. cercle, s. prendre à droite et à gauche, mettre ensemble, signe même nature.

Cathédrale. s. église première, s. de l'évêque.

Catholique. s. foi, s. universel, s. adj., un catholique, s. baptisé signe croire, signe tout.

Cavalcade. s. assemblage de soldats tous à cheval, s. ensemble, signe aller au galop.

Cavalerie. s. assemblage de soldats à cheval, s. combattre.

Cavalier. s. soldat à cheval qui porte l'épée et qui commende, homme.

Cave. s. lieu souterrain, y rouler les tonneaux de vin.

Caverne. s. lieu souterrain, profond, s. noir, s. horreur.

Cavité. s. creux, substantif.

Cause. Tout ce qui produit quelque effet, s. faire sortir la main droite de la gauche, comme pour produire, subst.

Cause (procès). Même s. radical, mais pour l'explication, on montre les avocats ; pour et contre.

Causer. 1er sens, p. man. envoyé aux oreilles d'un autre ; 2e sens. s. dire, s. chose nécessaire pas ; 3e sens produire un effet, s. action de faire puis les doigts de la main droite réunis les faire sortir doucement de la main gauche entre le pouce et l'index.

Caustique. s. qui brûle, mange la peau sur la main ; 2e sens, paroles mordantes qui piquent le cœur.

Caution. s. air de protection, moi payerai pour lui.

Ce. Pronom démonstratif, s. avancer devant soi l'index droit comme pour montrer la chose.

Ceci. s. ce, s. ci en portant l'index droit un peu du côté gauche sur l'objet.

Céder. s. laisser aller une chose qui est tirée par un autre.

Cedille. Petite virgule sous le ç.

Cèdre. s. arbre haut, haut, flairer les branches, s. sent bon.

Ceinture. s. nat.

Cela. s. ce, s. rapporter l'index du côté droit mais plus loin.

Célèbre. s. mérite, s. esprit et science, s. estimé par plusieurs personnes.

Célébrer. s. on passe la chasuble, on va à l'autel, s. on touche l'orgue, chanter, allumer des cierges, encenser, etc. — Solemniser. Même s. mais ajouter plus grand.

Céler. s. cacher quelque chose mais avec un air craintif regardant de côté et d'autre pour voir si on est aperçu.

Célérité. s. action, vite, vite, interruption pas.

Céleste. s. ciel, adjectif.

Célibat. s. état de mariage point.

Cellule. s. chambre où couchent les religieux ou religieuses.

Celui. s. ce, s. lui, porter l'index un peu retourné sur le côté droit vers la personne.

Cenacle. s. lieu où l'on mange.

Cendre. En prendre dans la cheminée, agiter les doigts et la laisser tomber à terre.

La Cène. s. dernier souper de notre seigneur J.-C. avec ses apôtres.

Cens. s. rente du fond de la terre, s. due au seigneur, homme qui commande.

Censeur. s. homme, s. examiner, s. livre, s. vraie, vrai pas opposé à loi, s. effacer.

Censurer. Même signe radical.

Cent. s. compter sur les doigts s'arrêter, s. c. man. en chiffres romains.

Centenaire. s. cent ans. s. homme.

Centenier. s. chef, s. commander à cent hommes.

Centre. s. globe ou boule au milieu.

Centrifuge. s. centre, s. fuite, s. adjectif.

Centripète. s. centre, s. effort pour approcher, adj.

Centuple, s. cent fois autant.

Cep. s. souche ou pied de vigne.

Cependant. Adverbe de temps, pendant ce temps, s. co, s. pendant en avançant devant soi le p. manuel.

Cependant. (néanmoins). Même, s. ajouter, s. mais.

Cerceau. s. cercle de tonneau.

Cercle. s. nat.

Cercueil. s. mort, s. mettre dans un cercle de plomb, quand il est en bois c'est bière.

Cérémonial. Livre de cérémonies.

Cérémonies. s. action, s. intérieures, pas, en passant l'indez sous sa robe, ensuite présenter les paumes des mains, s. bénir, encenser, etc. substantif. — S'il s'agit de différences et civilités, après les signes, d'actions extérieures, en fait de civilités et de politesse etc.

Cerf. s. animal qui court vite, s. grand bois en tous sens.

Cerf-volant. s. nat.

Cerise. Prendre de l'arbre de petits fruits rouges, s. noyau au milieu.

CERTAIN. s. réfléchir un moment, s. doute pas, s. oui, oui, adj.

CERTIFICAT. s. écrire, s. faire certain, subst.

CERVEAU. s. montrer le crâne de la bête, s. intérieure.

CERVELLE. Même s. féminin.

SANS CESSE. s. toujours, en tournant le t. man. s. fin point adv.

CESSER. s. coudre, s. s'arrêter, s. parler puis s'arrêter. Interrompre, s. rompre, s. entre, pour exprimer je lis on vient m'interrompre.

CET. pronom démonstratif, s. avancer devant soi l'index droit comme pour montrer la chose, masculin.

CHACUN. s. lever perpendiculairement le pouce qu'on promène à différents points par intervalle en décrivant un cercle, et lever le pouce pour montrer un.

CHAGRINER. s. serrer le cœur avec les deux mains élevant les yeux au ciel en montrant son affliction par l'air du visage.

CHAINE. s. les deux index et les deux pouces joints ensembles l'un dans l'autre en forme d'anneaux.

CHAIR. s. se pincer le dessus de la main. — Viande même, s. ajouter le s. manger.

CHAIRE. s. montrer un siège élevé en forme de cercle, s. parler avec majesté.

CHAISE. s. nat.

CHALEUR. s. montrer le soleil, s. s'essuyer le front, subst. féminin.

CHALUMEAU. s. tuyau de blé, plusieurs trous dessus, jouer avec des airs.

CHAMBELLAN. s. chambre du roi, s. premier chef.

CHAMBRE. s. élevant les deux mains en l'air faire un demi-cercle pour marquer un certain emplacement. s. la tête appuyée sur la main pour exprimer l'action de dormir.

CHAMP s. pleine campagne en étendant les mains, s. herbe qui pousse.

CHANCELIER. s. apposer les sceaux comme si on imprimait un cachet, s. homme.

CHANDELLE. s. allumer, s. porter les doigts au nez, s. sent mauvais.

CHANDELEUR. s. présentation de notre Seigneur J.-C. au temple, s. beaucoup de cierges allumés dans toute l'église.

CHANGER. s. donner une chose, en prendre une autre, 2e sens, n'être plus la même, s. esprit. s. cœur, 3e sens, mettre tantôt une chose dans sa place tantôt un autre.

CHANOINE. s. abbé, s. aumusse sur le bras.

CHANSON. s. écrire plusieurs lignes de suite comme si on écrivait des vers, s. chanter.

CHANTER. s. nat.

CHANTIER. s. lieu, assemblage de bois, s. travailler où bien, s. à vendre.

CHANTRE. s. église, s. chappe, s. chanter, s. homme.

CHAOS. s. commencement du monde, s. arrangé pas, tout pêle mêle.

CHAPE. s. nat.

CHAPEAU. s. nat.

CHAPELET. s. nat., on le tient grain à grain et l'on prie le bon Dieu.

CHAPELIER. s. faire chapeau, s. homme.

CHAPELLE. s. petite église, s. dire la messe. — Chapelain, s. chapelle, s. homme.

CHAPRON, s. de la chausse que portent les docteurs sur l'épaule gauche.

CHAPITRE. s. lieu, s. chanoines assemblés, 2e sens, d'un livre écrire, s. fin, s. 1er, s. fin, 2e, s. fin, 3e s. fin, etc.

CHAQUE. s. lever perpendiculairement le pouce qu'on promène à différents points par intervalle en décrivant un demi-cercle.

CHAR. s. carrosse de triomphe.

CHARBON. s. bois embrasé, s. y jeter de l'eau, s. noir.

CHARRETTE. s. chariot qui roule avec les deux mains en forme de portière on montre qu'il y en a beaucoup des deux côtés.

CHARGER. s. action d'un homme qui mettrait une charge de blé sur ses épaules avec l'air de pesanteur.

CHARITABLE. même s. que charité, adj.

CHARITÉ. s. amour de Dieu, ou du prochain en approchant la main droite du bras gauche, mais on montre dans l'explication que ce mot prochain signifie tous les hommes.

CHARIVARI, s. mariage, V. s. tambour, traîner des poëles, des chaudrons, crier tous ensemble.

CHARLATAN. s. peuple assemblé, s. monter sur une chaise faire voir des drogues et des onguents, s. bon, bon excellent.

CHARMES. s. bien, porter la main au cœur, la passer sur le visage pour montrer un air bénin. s.

pour entraîner, car tel est le propre des charmes pour distinguer, d'attrait et d'appel.

Charmer. s. bien, porter les mains au cœur puis regarder la personne, ensuite se frotter les mains avec un air de gaieté.

Charpentier. s. tailler, raboter gros bois pour les toits des maisons, signe homme.

Charrue. s. petite charette pour tourner la terre, on montre le soc et on aiguillonne les chevaux.

Chasser. 1er sens, mettre quelqu'un à la porte, on frappe avec un air fâché le dos de la main gauche du dedans de la main droite, ou bien prendre par l'épaule et du pied au derrière ; 2e sens, aller à la chasse, coucher un oiseau en joue et le tuer.

Chassie. s. humeurs qui coulent des yeux malades.

Chasteté. s. pureté, ou innocence des mœurs.

Chat. Coup de patte, moustache de deux côtés de la bouche, fe fe.

Chateau. s. campagne, s. maison, s. seigneur.

Chatelet. s. maison, s. juger, condamner à la mort, rouer, pendre.

Chatier. s. ceux qui ne font pas leur devoir, frapper, gémir, s. péché. — Punir, faire souffrir quelque supplice, s. frapper, s. souffrir.

Chauffer. s. nat.

Chauffoir. s. lieu, s. religieux assemblés, s. se chauffer.

Chaussée. s. chemin élevé, on montre un terrain creux au-dessous.

Chausser. s. nat.

Chauve. s. tête, s. cheveux pas.

CHEF. s. tête, s. premier, s. homme.
CHEMIN. s. avancer devant soi comme pour tracer un chemin les deux mains ouvertes à une certaine distance. — Voie, même s. mais plus rapproché. — Sentier, même s. mais encore plus petit et qui va en zig-zag.
CHEMINÉE. s. nat.
CHEMISE. s. nat.
CHENET. s. nat.
CHER. 1er sens, aimer beaucoup, beaucoup ; 2e sens, s. coûter argent beaucoup.
CHERCHER. s. on regarde de tous côtés avec des yeux inquiets pour voir si on trouvera.
CHÈRE. s. bon repas, s. à ses amis.
CHÉRUBIN. s. ange, s. rouge, brûlant, d'amour de Dieu.
CHEVAL. s. nat., monter dessus et galoper.
CHEVALIER. s. croix de saint Louis à la boutonnière.
CHEVILLE. s. pointer un morceau de bois et mettre dans un trou.
CHEZ. s. maison, s. demeurer, s. préposition.
CHIEN. s. aboyer et remuer la queue.
CHIFFON. s. vieux papier ou linge chiffonné.
CHIFFRE. s. 1, 2, 3, 4, 5, 6, 7, 8, etc.
CHIMÉRIQUE. s. imagination, s. fausse, adj.
CHIMIE. s. science de séparer les différentes parties des corps mêlées ensemble.
CHIRURGIEN. s. malade, s. saigner, s. homme.
CHOC. s. coup en heurtant contre quelque chose, y porter la main.
CHŒUR. s. autel au haut de l'église, s. prêtres dans leurs stalles tout autour, s. séparés du peuple par une grille.

CHOISIR. s. regarder quelque chose avec attention, s. plusieurs, s. en prendre une.

CHOSE. s. on promène la main en ne montrant que des choses et non des personnes.

CHRÊME. s huile bénie par l'évêque pour le baptême, confirmation, ordre et extrême-onction.

CHRÉTIEN. s. baptisé,en J.-C. — Fidèle, s. baptiser, s. croire en J.-C.

CHRIST. s. oint ou sacré comme on sacre les prêtres à l'ordination, mais pour exprimer le nom de J.-C. on se contente de faire s. pied et main percés, attaché à la croix.

CHRISTIANISME. s. religion de J.-C.

CHRONOLOGIE. s. science des temps.

CHUT. s. l'index sur la bouche. Adverbe.

CHUTE. s. action de tomber.

CI (particule). s. porter l'index devant soi en montrant que c'est devant soi, un peu vers le côté gauche. — Là, un peu éloigné de l'autre côté.

CIBOIRE. s. on montre un vaisseau arrondi, on l'ouvre, génuflexion en faisant voir le corps de notre Seigneur J.-C.

CICATRICE. s. plaie, s. guérie, on montre les marques qui restent.

CIDRE. s. pomme, s. presser, s. boire le jus.

CIEL. s. demi-cercle vers la voûte des cieux.

CIERGE. s. autel, s. allumer des deux côtés.

CILICE. s. crin qui pique appliqué sur la peau, s. pénitence.

CIME. s. arbre, s. haut, haut, montagne, s. extrémité.

CIMENT. s. chaux et huile mêlés ensemble avec de

l'eau, s. en mettre entre les pierres d'une main, s. dur.

Cimetière. s. terrain, s. fosse, s. croix au milieu.

Cintre. s. le rond d'une voûte.

Circoncire. s. couper autour du bas du côté.

Circonférence. s. le contour d'une figure ronde, on montre premièrement le cercle, puis on passe la main tout autour.

Circonflèxe. s. â.

Circonlocution. s. circuit de paroles.

Circonspection. s. être attentif et sur ses gardes avant de parler et d'agir, s. regarder tout autour.

Circonstance. Tout ce qui accompagne une action, s. autour, s. être.

Circuit. s. quelque chose de grande étendue, s. aller tout autour.

Circulation. s. sang qui coule des artères dans les veines.

Cire. s. ouvrage des abeilles, s. pour faire des cierges.

Ciseau. s. nat.

Citadelle. s. ville de guerre, s. château élevé et des canons placés dessus.

Cité. s. ville, s. milieu, s. lieu de la cathédrale ou du palais.

Citer. s. 1er sens, copier, présenter le dedans de la main avec l'air de quelqu'un qui dirait vous ne croyez pas, s. voyez en mettant le doigt sur l'endroit ; 2e sens, appeler quelqu'un devant un juge.

Citerne. s. eau de pluie, s. recevoir sous terre.

Citoyen. s. ville, s. homme qui y demeure.

Civile. s. ce qui regarde les peuples d'une ville, criminel pas ; 2e sens, un homme civil, s. rencontrer plusieurs personnes, s. honnêteté et politesse.

Clairement. s. agiter les doigts comme pour lumière, adj. adv.

Clameur. s. cri public et tumultueux.

Clandestin. s. fait contre la loi, en secret et contre le gré des parents, adj.

Classe. s. avec les mains présentées devant soi horizontalement faire différentes casses et placer dans chacune.

Clause. s. condition opposée dans un acte.

Clef. s. nat.

Clémence. s. souverain, cœur miséricordieux, pour l'explic.-je pourrais vous condamner à des supplices plus grands, mais je préfère de vous pardonner.

Clerc. 1er sens, tonsuré ; 2e sens, s. qui écrit chez un notaire, procureur.

Clergé. s. assemblées des ecclésiastiques.

Climat. s. pays chaud, ou pays froid.

Clin-d'œil. s. coup d'œil prompt et rapide.

Clinquant. s. briller comme or, s. faux.

Clique. s. assemblée méchante.

Cloche. s. nat.

Clocher. s. tour au dessus de l'église, 2e sens, boîter.

Cloison. s. séparer deux chambres avec des planches.

Cloitre. Maison de religieux ou religieuses, galerie couverte.

Clou. s. nat.

Clouer. s. nat.

Coadjuteur. s. aider un autre, s. succéder après sa mort.

Cocarde. s. rosette ou chapeau d'un soldat.

Coche. s. voiture à 4 roues et six chevaux qui marchent lentement au pas du cheval.

Cochon. s. hon, hon avec le groin fouiller la terre et se vautrer dans la fange.

Code. s. livre qui contient, s. lois, s. ordonnances des rois.

Codicille. s. testament fait, creux pas. s. écrire, changer et effacer.

Cœur. s. on montre l'endroit où est le cœur de l'homme.

Coffre. s. forme de caisse avec un couvercle, s. fermer à clef.

Cohorte. s. assemblée de soldats chez les romains 500 hommes.

Coiffer (se). s. nat.

Coin. s. angle d'une muraille composée de deux surfaces inclinées l'une vers l'autre.

Collation. s. poisson pas. s. fruits ou noisette que l'on casse avec les dents, s. petit morceau de pain.

Colère. s. agitation de l'âme, qui paraît dans tout l'extérieur avec impétuosité, s. cœur piqué.

Colique. s. tranchée dans le ventre, aller à la selle.

Collecte. s. prière du prêtre à l'autel au commencement de la messe en disant, *orémus*, pour tous les fidèles.

COLLÈGE. s. maison assemblage d'écoliers qui apprennent, porte-feuille sous le bras.

COLLÈGUE. s. charge de magistrat, s. compagnon.

COLLER. s. on étend de la colle sur une feuille de papier que l'on applique à la muraille.

COLLET. s. petite bande sur la rotonde pour les ecclésiastiques.

COLLIER. s. cercle autour du cou.

COLLINE. s. petite montagne en tenant un peu élevées les deux mains l'une sur l'autre par l'extrémité des doigts.

COLLOQUE. Personnes savantes, s. disputer sur la religion.

COLOMBE. s. battre des ailes, allonger le cou pour imiter la colombe qui prend les grains avec le bec et se frapper avec l'index sur la gorge pour exprimer le recoulement.

COLONEL. s. épaulette deux, hausse col, s. premier, s. qui commande aux soldats.

COLONNE. s. faire un cercle avec les mains qu'on élève peu à peu les doigts recourbés, s. soutenir le bâtiment.

COLORIS. s. teint rouge, s. sortir du visage et briller.

COLOSSE. s. statue posée sur un piédestal, s. grande très grande.

COLPORTEUR. s. besace ou paquet sur le dos, s. vendre livre.

COMBATTRE. s. on fait l'action de deux personnes ou plusieurs qui se battent, s. battre, contre, s. épée tirée, s. coup porté.

Combien. s. compter avec les doigts 1. 2. 3. puis le s. interrogation qui se fait en élevant les mains.

Combler. Remplir un vide, s. on amasse des deux mains et on fait le s. de comble.

Comédie. s. théâtre, musique, s. jouer différents personnages, s. faire rire.

Comète. s. espèce d'astre dans le ciel qui brille. queue de lumière.

Commander. s. le bras droit élevé et montrer l'index avec le s. de commandement.

Comme. s. choquer les deux manuels l'un contre l'autre.

Commencer. s. faire sortir doucement l'index droit d'entre l'index et le doigt du milieu de la main gauche.

Commensal. s. qui mange à la même table.

Commensurable. s. avec, s. mesurer. adj. possible.

Comment. s. de la main droite manier en tous sens le dessus de la gauche interrogatif, adv.

Commentaire. s. difficulté à comprendre, s. expliquer.

Commère. s. enfant à baptiser, s. tenir, s. féminin.

Commettre. s. 1er sens, charger quelqu'un de faire quelque chose, s. faire, s. commander, 2e sens, commettre un péché, s. faire, s. péché.

Commissaire. s. envoyé par le roi pour juger.

Commode. s. gêne pas, s. appuyé comme si on était dans un fauteuil avec un air d'aisance.

Commun. s. comme, s. un qui appartient à plusieurs.

Communauté. s. commun substantifié, s. assemblage de personnes pour vivre ensemble.

Communier. s. tenir le saint-ciboire et présenter la sainte hostie en faisant le signe de la croix sur le ciboire et ceci regarde les prêtres, pour fidèle ajouter recevoir.

Communion. Même s. donner ou recevoir le corps de J.-C.

Communiquer. s. donner, s. comme, s. un.

Compagnie. s. entrer dans un appartement, s. promener la main en demi-cercle pour montrer l'assemblée des personnes, s. saluer d'un air grave.

Compagnon. s. prochain ami, s. boire, manger, jouer ensemble, s. co manuel.

Comparatif. s. mettre la main gauche appuyé sur la table et élevé la droite en signe de comparaison, il s'exprime par plus, plus grand est comparatif de grand.

Comparer. s. regarder les deux mains l'une après l'autre.

Compartiment. s. plusieurs figures en triangles, carrés, losanges disposées avec art.

Compas. s. nat.

Compassion. s. souffrir avec, s. en regardant la personne d'un air attentif comme si on voulait dire ha le pauvre homme.

Compatibilité. s. être ensemble, possible adj. substantifié.

Compatir. Porter au cœur les deux mains puis les tendre vers la personne avec un air de compassion.

Compatriote. s. qui est du même pays, en dérivant un terrain.

Compère. s. tenir un enfant, s. baptiser, s. homme.

Compétence. s. pouvoir de juger ou de faire.

Compétiteur. s. demander avec un autre, même honneur, même charge.

Compilation. s. prendre dans un livre écrire, prendre dans un livre, écrire, écrire, etc. s. ramasser dans un volume.

Complaire. s. se regarder dans un miroir, se passer la main sur le visage avec complaisance.

Complet. s. il faut il manque, s. ajouter, s.fin, tout entier.

Complexion. s. disposition de la poitrine de l'estomac, s. forte ou faible santé.

Complication. s. plier et replier ensemble, s. difficile.

Complice. s. péché, s. avec.

Complies. s. faire la croix sur le cœur avec le pouce, dans *in adjutorium*, s. fin.

Compliment. s. de la main droite dire à quelqu'un qu'on le félicite avec des démonstrations de contentement.

Complot. s. plusieurs, s. parler à l'oreille avec un air de mystère, s. dessin méchant.

Composer. s. poser, s. avec.

Comprendre. Saisir par l'esprit une vérité, prendre, avec s. saisir avec la main droite, s. arrêter, la porter au front disposée comme pour exprimer savoir, c.-à-d. tous les doigts réunis et un peu courbé sur le front.

Compte. s. papier qu'on a à la main, s. un, deux, trois, etc.

COMPTER. s. montrer le pouce avec l'index sur la table que l'on frappe et étendre l'argent à différents rangs.

COMPTOIR. s. table marchandises étalées, s. compter de l'argent.

COMTE. s. petit terrain, s. commandement, s. manuel.

CONCAVE. s. creux en dedans.

CONCENTRER. s. poussé vers le centre.

CONCERT. s. assemblage de voix, violons, basse, etc. s. d'accord, s. porter l'index à l'oreille d'un air satisfait *De concert*, s plusieurs personnes qui disent oui, oui, s. faire ensemble.

CONCESSION. s. inférieurs qui demandent, supérieurs qui écoutent, s. accordent un droit.

CONCEVOIR. s. entendre ce qu'on explique, s. recevoir, s. conduire au front les doigts réunis et courbés de la main droite avec le s. nat. j'entends bien.

CONCIERGE. s. garde maison, s. d'un prince ou seigneur.

CONCILE. s. assemblée d'évêques.

CONCIS. s. explication claire et brève.

CONCITOYEN, s. demeurer avec, s. même ville.

CONCLAVE. s. assemblée de cardinaux pour choisir un pape.

CONCORDE. s. esprit, cœur, s. unis.

CONCUPISCENCE. s. pente du cœur aux plaisirs et biens sensibles, ce qui s'exécute en portant l'index aux différents sens, adj.

CONCURRENCE. s, courir avec, participe substantif.

CONCUSSIONNAIRE. s. juge public, s. faire payer trop

Juger, s. balances qui s'exécutent en tenant haut et joint le pouce et l'index de la main gauche et marquant avec l'index de la main droite les deux bassins de la balances, la considérer avec attention puis le s. de commandement, s. bon ou mauvais.

CONDAMNER. Même s. roue, potence, fer chaud.

CONDISCIPLE. s. étudier, s. avec. écouter ensemble un maître, s. suivre en faisant aller vers le côté gauche la droite sur la gauche.

CONDITION. 1er sens, grande naissance ; 2e sens, s. si dubitatif puis frapper de l'index sur la table, substantif.

CONDOLÉANCE. s. témoigner à quelqu'un, s. douleur avec.

CONDUIRE. s. prendre quelqu'un de la main gauche et de la droite montrer le c. man.

CONFECTION. Fait avec plusieurs médicaments ensemble.

CONFÉRENCES. s. cercle de personnes, s. parler ensemble, s. d'affaire ou d'étude.

CONFÉRER. s. donner. s. c. man.

CONFESSER. s. nat.

CONFESSER (SE). s. mains jointes, extérieur modeste, s. péché, soupir.

CONFESSER LA FOI. s. oui je crois en Jésus-Christ.

CONFIANCE. s. oui viendra, s. désire, parce que Dieu est bon ou un tel s'il s'agit d'un homme, *espérance*, s. désire, s. oui, oui viendra.

CONFIRMER. s. imposition des mains, s. croix sur le front, petit soufflet.

CONFIRMER UNE NOUVELLE. s. la main gauche sur la

conscience et l'autre avec le v. man, vrai, vrai.

CONFISEUR. s. faire des confitures.

CONFITURIER. s. vendeur de confitures.

CONFONDRE. s. mêler tout pêle-mêle; 2e sens, donner de la confusion, s. humilier quelqu'un, s. nat. de honte.

CONFORME. s. avec, s. forme s. même.

CONFRÈRE s. avec, s. frère, s. de même société ou état.

CONFRÉRIE. s. assemblée de plusieurs personnes pour dévotion.

CONGÉ. s. permission ou ordre de s'en aller, 2e sens, s. écolier, s. classe étudier pas, s. aller se promener.

CONGRÉGATION. s. assemblée de plusieurs personnes sous une même règle.

CONJECTURE. s. raisonner, s. jeter, s. pour, s. peut-être.

CONJONCTION. s. petit mot qui joint les phrases et les périodes, s. joindre les deux index en forme de crochet.

CONJONCTURE. s. affaire, s. rencontre bonne ou mauvaise, ha.

CONJUGUER. s. faire passer un verbe par tous les temps.

CONNÉTABBE. s. premier officier du roi, s. qui commande aux armées.

CONNAITRE. s. se présenter avec vivacité le dedans de la main, et marquer par les yeux et l'air du visage, ha oui je vous connais.

CONSACRER. s. action de l'évêque sur les prêtres, sur le calice, etc. 2° sens, même; s. consacrer l'eucharistie, ajouter changer le pain au corps de Notre Seigneur J.-C.

CONSACRER (SE). Même s. pour ou à, ensuite désigner l'objet auquel on se consacre.

CONSANGUIN. s. frère, sœur, oncle, etc. du côté du père.

CONSCIENCE. s. porter la main sur la poitrine, s. avertissement du cœur.

CONSÉCUTIF. s. faire suivre les deux mains du côté gauche, s. entre ou milieu pas.

CONSEILLER. s. parler à quelqu'un avec un air de prudence lui montrer un chemin et lui dire non n'allez pas par là il y a des assassins, mais allez par ici, en lui montrant une autre route.

CONSENTIR. s. sentir avec, en remontant les deux index vers le cœur, s. oui, pour exemple on propose quelque chose à quelqu'un, il résiste plusieurs fois, enfin il se laisse gagner, il consent.

CONSÉQUENCE. s. principe qui s'exécute en portant la main au-dessus de la tête comme tournet un robinet d'où tout d'écoule, s. premier, s. qui suit du principe.

CONSERVER. s. tenir dans la main gauche appuyée contre la poitrine quelque chose qu'on est bien aise d'avoir et porter la main droite dessus pour marquer qu'on ne veut pas s'en d'éssaisir.

CONSIDÉRABLE, s. considérer, s. adj. possible puis ajouter le s. nat. d'excellence.

CONSIDÉRER. Regarder doucement et avec la plus grande attention un objet du haut en bas dans toute l'étendue.

Consigne. s. placer une sentinelle et lui dire tout bas, vous ne laisserez pas passer ici, vous laisserez passer là.

Consister. s. composé. s. de.

Consistoire. s. assemblée du pape et des cardinaux.

Consoler. s. pleurer des deux mains, paix paix, s'essuyer les yeux.

Consommation. Pris pour consommation des siècles, avancer devant soi le c. man. s. tout, tout, tout, s. fin.

Consonne. s. b, c, d, f, etc.

Constance. s. légèreté d'esprit pas, s. persévérer le même. — *Fermeté*, s. crainte des tourments de la mort pas. — *Résister*, même s. en appuyant les mains sur la table pour faire voir la grandeur d'une.

Construire. s. bâtir par ordre, s. avec.

Consubstantialité. s. avec, s. sous, s. même substance en portant les mains du haut de la poitrine jusqu'à la poitrine, l'estomac s. adj. substantifié.

Consul. s. juge, s. dispute entre marchands.

Contagion. s. maladie, faire venir l'air dans sa bouche pour montrer qu'elle se gagne, s. universel, s. reculer.

Conte. s. raconter, s. élever la main avec un air qui montre qu'on n'en fait pas grand cas.

Contempler. s. frapper du pied la terre légèrement, reculer d'un pas et regarder tranquillement les deux paumes des mains retournées en dehors.

Contemporain. s. qui vit en même temps.

Contenance. s. avec, s. tenir et se montrer droit pour faire voir la posture.

Contenir. s. tenir, s. avec.

Content. s. se frotter les mains, montrer un visage gai, c. *man.* ou bien s. nat. de la main à quelqu'un dont on est content.

Contention. s. effort du corps, ou d'esprit en faisant remarquer au front les veines enflées.

Contexture. s. disposition des parties du corps.

Contigu. s. porter l'index vers une chose, le reporter vers une autre, s. p. oche, proche.

Continence. s. vertu, s. usage des plaisirs défendu point.

Continuer. s. c. *man.* que l'on avance devant soi à différentes reprises.

Contorsion. s. tourner la bouche tantôt d'un côté, tantôt d'un autre.

Contraindre. s. faire des efforts à plusieurs reprises et des deux bras le terrasser en quelque sorte et le forcer de se mettre à genoux il faut aussi peindre la résistance de celle que l'on contraint.

Contraire. s. faire jouer les deux index l'un contre l'autre.

Contraste. s. sentiment, s. esprit, s. contraire.

Contrat. s. écrit devant notaire, s. obliger à.

Contravention. s. venir contre, s. devoir.

Contrebande. s. marchandises, s. regarder de côté et d'autre à cause des commis, s. passer vite vite, payer pas.

Contredire. s. contre, s. dire.

Contrée. s. décrire un espace de terrain séparé, s. c. *man.*

Contribuer, s. donner avec, mais pour l'explication je veux habiller un pauvre vous donnerez douze francs, un autre 6 fr. un troisième 2 fr. je donne aussi et je ramasse le tout aussi ensemble.

Contrition. s. cœur brisé qui se fait en pressant le cœur avec les deux poings comme si on voulait le broyer.

Controverse. s. catholique, s. hérétique, s. disputer sur la religion.

Contumace. s. venir devant le juge, s. je n'irai pas à plusieurs fois.

Convaincre. Persuader quelqu'un par de bonnes raisons : 1° quelqu'un ne croit pas, ensuite raisonner, c man, agité devant le front, arguments avec lui croyez-vous. 2° recommencer encore à argoter et lui faire dire la vérité, oui je la vois.

Convaincre et atteint et convaincu, s. tache restée sur les lèvres pour l'explication il faut faire la petite scène d'un enfant que l'on convainc d'avoir dérobé des confitures.

Convalescent. s. malade dans son lit, s. commencer à manger et à se promener.

Convenable. s. venir avec, adj. possible et s. d'approbation.

Convenir. s. venir avec, s. nat. de dire j'en conviens.

Convention. s. avec l'index à différents points comme si on disait telle chose, telle autre, s. venir avec, s. oui et frapper de l'index sur la table.

Converser. s. parler avec le p. *man*, présenté avec grâce à plusieurs reprises vers différentes personnes de manière à tenir une conversation.

Convertir (se). s. tourner doucement avec la main son cœur, regarder Dieu, s. péché plus.

Convoitise. s. dernier, s. choses mauvaises.

Convulsion. s. retirement des nerfs, s. grimaces comme si on avait pris de l'émétique.

Coopération. s. aider à faire.

Copier. La main gauche renversée sur le dos et la droite écrire en regardant le temps, en même temps la gauche comme dans un livre ou un cahier.

Coquin. Honneur pas, fainéant, voleur, libertin.

Cordelier. s. moine, une corde pour ceinture.

Cordial. s. bon pour le cœur.

Corps. s. montrer son corps.

Correct. s. selon les règles de la langue.

Correspondance. s. une personne éloignée, écrire à moi, moi lui écrire et faire ses affaires.

Corriger. Examiner un écrit, s. pas bien, effacer, écrire au-dessus; 2e sens, frapper quelqu'un avec un air de menaces ; 3e sens de corriger, s. penchant au mal, s. de la tête comme pour dire jamais plus.

Corporatif. s. faible, s. prendre quelque chose, s. force augmentée.

Corrompre. s. pousser quelqu'un au mal, s. cœur, 2e sens, s. viande, s. sent mauvais.

Corruptibilité. s. prendre la peau de la main, la flairer, s. sent mauvais, adj. substantifié.

Corsaire. s. vaisseau qui rôde sur la mer, s. voler de côté et d'autre.

Cortège, s. prince qui marche avec gravité, s. beaucoup de monde à ses côtés et derrière lui en cérémonie,

Corvée. s. ouvrage de corps pour un seigneur.

Côté. s. montrer un de ses côtés et écarter un peu la main.

Coucher. s. nat.

Coudée. s. étendre la main depuis le coude jusqu'au bout des doigts.

Coudre. s. nat.

Couler. s. entr'ouvrir les doigts de la main gauche et y faire passer en descendant le tranchant de la main droite. —*Ecouler*. s. creuser la main gauche en forme de canal en disant eau, puis poser le bout de l'index droit, sur le bord et le long de la gauche à différents points marquant que l'eau s'écoule par là. — *Verser*. s. nat. de verser d'une bouteille dans un verre. —*Répandre*. s. de laisser tomber à terre l'eau d'une certaine hauteur.

Couleur. Pour le s. général on en montre de différentes espèces, mais pour les particulières en voici les signes que nous allons rapporter et que l'on doit faire voir aux sourds et muets. —*Rouge*. le dedans des lèvres et des joues. — *Vert*. s. v. man, plante avec ses feuilles. — *Bleu*. s. beau ciel, b. *man*. — *Violet*. s. soutane d'évêque. — *Blanc*. s. manchette, — *Noir*. s. soutane. — *Ecarlate*. s. sang ou on se frotte les joues en clignotant pour faire comprendre la vivacité de la couleur. — *Jaune*. s. j. *man*. ou teint de malade. — *Gris*. s. peu blanc ou bien peau d'âne. — *Brun*. s. soutane de capucin. — *Or*. s. pendant d'oreille. — *Argent*. s. tracer la forme d'un écu et frapper dans la main avec l'index et le pouce.

Couleuvre. Petit serpent comme une anguille, s. tête levée.

Coupable. s. péché, mea culpa.
Coulpe. Dire sa faute.
Couper. s. nat.
Couple. s deux choses, s. même espèce, mis ensemble.
Couplet. s. vers, s. chanter un peu, s. fin, recommencer et montrer la séparation des couplets.
Cour. s. maison dans le fond, s. espace où il y a de la volaille, s. pis, pis, pis ; 2e sens, palais d'un roi, ou de l'assemblage des magistrats.
Courage. s. nat. crainte pas, s. une hardie qui ne craint pas les périls.
Courir. s. nat.
Couronner. s. de la main droite faire plusieurs cercles, poser la couronne sur la tête.
Courroux. s. air de hauteur et de fierté, agitation, impatience contre quelqu'un.
Courrier. s. se monter à cheval faire claquer le fouet, s. aller au galop et tenir une lettre en main
Coursier. s. cheval, s. caracoller, s. belle tête.
Court. s. long pas. s. petit.
Courtisan. s. roi, aller devant lui et le complimenter avec l'air empesé d'un fin matois.
Cousin. s. vers le côté faire le s. naître : c. *man.*
Couteau. s. nat.
Coutelas. s. épée large et courte, s. trancher la tête.
Couter. s. acheter tant, montrer un sol, un écu, 6 fr.
Coutume. s. faire souvent, s. adj.
Couvée. Œufs plusieurs, s. la poule couchée dessus.

Couvent. s. assemblage de religieux ou religieuses, s. maison.

Couvrir. s. nat. de mettre une chose sur une autre.

Cracher. s. nat

Craindre. s. trembler légèrement en regardant un objet.

Crampe. Douleur de pied vive, ne pouvoir pas les poser.

Crapule. s. boire souvent à moi la muraille, s. vomir, se vautrer à terre.

Crasse. s. malpropreté sur les mains, s. dégoutant.

Crayon. s. nat.

Créance. Foi, assemblage de sous, s. participe substantifié.

Créancier. s. devoir à lui, s. argent, s. homme.

Créateur. s. agiter les mains autour du visage comme si on faisait la figure, s. de rien, s. masculin.

Créature. Même s. radical autour du visage, ensuite laisser tomber les deux bras à ses côtés en regardant le ciel dans un état passif.

Créer. s. faire, s. de préposition, s. rien.

Créer les hommes. Même s. mais le s. faire s'exécute des deux mains en les promenant du haut du front tout au tour du visage jusqu'au bas du menton.

Creuser. s. faire descendre le bras perpendiculairement comme pour mesurer la profondeur et des deux mains ôter de la terre ; au figuré approfondir une difficulté, même s. mais figuré.

Crier. Porter la main à la bouche comme si on voulait en retirer quelque chose avec force et ensuite s'élever vers le ciel en ouvrant la bouche grande comme lorsqu'on crie.

Crime. s. malice du cœur, péché grand.

Crise. s. malade, s. tout à coup agitation les yeux égarés, s. revenir peu à peu.

Cristal. s. verre très clair.

Critique. s. examiner un livre, s. tel endroit bon, tel mot, telle phrase ne vaut rien en secouant la tête.

Croire, en matière de religion, oui de l'esprit : 1° oui de la bouche ; 2° oui du cœur ; 3° non des yeux ; en mettant la main sur les yeux, je ne vois pas.

Croire. Sens ordinaire : 1° oui de l'esprit ; 2° oui de la bouche.

Croire. Sens dubitatif il me semble, oui de l'esprit 1°, oui de la bouche et puis s. dubitatif.

Croire. Sens ironique : 1° oui de l'esprit oui de la bouche, et puis je t'en casse.

Croitre. s. faire sortir doucement de la main gauche presque fermée les doigts réunis de la main droite : 2e sens, avancer en âge, élever la main droite à partir du genou et faisant la gradation. — *Produire*. s. faire, s. croître au premier sens.

Crosse. s. bâton d'évêque courbé par le haut.

Crotter. s. nat. de montrer ses bas en faisant sauter les taches de crotte avec l'index.

Croupe. s. la partie d'un cheval des rognons jusqu'à la queue.

Cruauté. s. air barbare, aimer à faire souffrir, tuer massacrer.

Crucifier. Enfoncer des clous aux mains et aux pieds et tenir les bras en croix.

Cueillir. s. nat de cueillir une fleur, fruit. — *Recueillir*. Même s. l' *v. man.* — *Se recueillir*. s. dissipation, puis s. de tenir les mains jointes, air modeste et de réflexion.

Cuiller. s. nat. — *Fourchette*, s. nat.

Cuirasse. s. représenter avec les mains tout son corps couvert, s. dur, s. javelots qui viennent frapper et tombent à terre.

Cuire. s. viande, s. pot au feu, ou s. broche.

Cuisine. s. lieu mettre la broche, tourner la poële.

Cuivre. s. jaune d'or pas, s. dur en frappant du revers doigt du milieu.

Culbute. s. sauter la tête en bas les pieds en l'air.

Culte. s. prier, encenser, offrir le saint sacrifice, s. c'est à Dieu (culte de latrie). — *Culte de dulie*, s. prier, encenser, on montre les s. — *Culte d'hyperdulie*, s. prier, encenser, on montre la sainte vierge.

Cultiver. s. terre la tourner avec une bêche, s. sarcler le jardin, arroser, émonder les arbres. — *Labourer*, s. tourner la terre, s. charrue.

Cupidité. s. désir violent, s. richesse, honneur, etc. ou s. mal selon le cas.

Curateur. s. régir bien, affairé d'un jeune homme, s. père mort.

Curé (en Bretagne recteur). s. étole pastorale, s clocher de la paroisse.

Curieux. Les yeux vifs regarder de tous côtés, désirer voir, entendre tout.

Cuve. s. grand vaisseau large, s. presser le raisin sous les pieds.

Cyclopes. Hommes grands, grands, s. œil au milieu du front.

D

D'abord. s. de préposition, s. tôt.

Daigner. s. *de main*, que l'on élève devant le front avec l'air de respect.

Dais. s. saint sacrement en procession, s. porter au dessus en forme de carré.

Dam (peine du dam). s. privation de voir Dieu.

Dame. s. anneau au doigt, mariée, s. salutation.

Damner. s. de la balance que l'on tient de la main gauche, s. commandement, s. précipiter, s. feu éternel.

Damné. s. juger et condamné, s. toujours.

Danger. s. pierre tomber sur la tête, s. passer, s. craindre.

Dans. Joindre ensemble l'index et le pouce de la main gauche, y faire passer l'index droit.

Dans un instant. s. dans, s. un, s. instant; on élève tout à coup l'extrémité du petit doigt avec vitesse, s'il s'agit d'un moment on va plus lentement, car moment dit un petit espace de temps.

Dard. s. flèche, s. fer pointu à l'extrémité.

Davantage. s. avant, s. plus, s. beaucoup.

David. s. roi pénitent, s. harpe.

Dauphin. s. premier fils du roi.

De. Préposition qui sert à composer beaucoup de

mots, s. poser l'index perpendiculairement sur la table le conduire horizontalement vers le côté gauche pour faire cette figure V.

Débacler. s. glace fondre, s. rouler ensemble avec précipitation.

Débarbouiller. s. nat.

Débat. s. plusieurs personnes, s. dispute tumultueuse les uns avec les autres.

Débile. s. faible, s. *de man.*

Débit. s. vendre marchandises, s. à beaucoup de monde. — *Crédit*, s. prendre marchandises à présent payer pas, s. futur 2e sens, s. pouvoir beaucoup, pour autrui, si c'est pour soi c'est faveur.

Débiteur. s. devoir, s. à, s. homme.

Débonnaire. s. bon cœur, air gracieux.

Débordement. s. rivière, s. eau passer les bords et se répandre aux environs.

Déborder. s. nat.

Déboucher. s, nat.

Déboutonner. s. nat.

Débris. s. vaisseau qui s'ouvre contre un rocher, s. montrer les restes épars sur la mer.

Début. s. discours, s. commencement.

Deçà. s. représenter une rivière, s. tenir la main de ce côté ci devers soi.

Décacheter. s. nat.

Décadence. s. préparation, s. à tomber.

Décalogue. s. assemblage des dix commandements de Dieu.

Décence. s. à l'extérieur devant le public découverte pas, s. air de bienséance dans le geste et le maintien.

Décharger. s. nat. d'ôter un fardeau de dessus les épaules de quelqu'un, ou de décharger une charrette.

Déchausser. s. nat.

Déchirer. s. nat. de déchirer du papier.

Déchoir. Tomber d'un état heureux, glorieux.

Décider. s. d *man*, pour exprimer raisons qu'on examine, s. oui ou non, mais l'un ou l'autre avec un air résolu. — *Déterminer*. 1° s. doute, 2° s. oui ou non, s. fin, ou bien s. de préposition, s. terme en frappant du tranchant de la main devant soi à une certaine distance.

Décime. s. compter jusqu'à dix, s. prendre, s. compter encore et prendre la dixième.

Décisif. s. bon ou mauvais, s. doute, s. juger, s. toujours.

Déclarer. s. de préposition, puis faire sortir l'index du milieu de la poitrine, le conduire à la bouche comme si on l'en faisait sortir, enfin agiter devant les yeux les doigts de la main droite entr'ouverts. *Manifester*, s. montrer qu'une chose est cachée qu'on ne le voit pas, s. découvrir, s. voyez.

Déclin. s. avec le bras droit représenter le cours du soleil et vers le couchant descendre la main doucement.

Décoiffer. s. nat.

Décombre. s. maison détruite, s. montrer à terre les plâtras.

Décourager. s. courage, s. reculer, et pour l'explication trois hommes nous attaquent nous sommes quatre, pas peur, j'en vois venir 12 je fuis.

Découvrir. s. lever son mouchoir de dessus quelque chose.

Décrépit. s. vieux, vieux, très courbé vers la terre.

Décret. s. pape ou juge, s. ordonnance.

Décrocher. s. nat.

Décrotter. s. nat.

Dédaigner. s. de préposition, s. daigner, *de man*, puis un air de mépris, et pour l'exprimer, s. de quelqu'un qu'on refuse d'embrasser par mépris.

Dédain. s. dédain qui se fait en élévant de *de man*, comme pour respect, et repousser la personne dédaigneux. — *Indigne.* s. digne en élevant le *de man* en s. de respect, s. négation et reculer d'un pas d'un air de modestie.

Dedans. s. d., s. dans.

Dédicace. s. évêque, s. église, entrer faire l'aspersion autour, tremper le pouce dans le saint chrême, consacrer les cinq croix de la pierre de l'autel, monter dans l'échelle et consacrer les douze croix peintes sur la muraille.

Défaut. s. de, s. faut et on explique que cela regarde l'esprit ou une mauvaise disposition, ou qualité purement extérieure comme bossu, boîteux, etc.

Défendre. s. commander de ne pas faire en montrant l'index.

Défendre. s. empêcher qu'on ne fasse pas du mal, s. mettre la main gauche sur la poitrine de la personne comme un bouclier, et de l'autre repousser l'ennemi. *Protéger* : 1° on montre la personne ; 2° on met la main gauche sur sa poitrine comme pour moi ; 3° on étend la main droite l'agitant un peu avec l'air naturel de dire je vous protège.

DÉFÉRENCE. s. recevoir un avis, s. oui je ferai.

DÉFIER. s. appeler, s. au combat.

SE DÉFIER. Faire comme s'appuyer sur une canne avec l'air nat. de dire je ne m'y fies pas. —*Se méfier*, s. lui malin ou méchant je ne m'y fie pas, en secouant la tête avec l'air défiant.

DÉFINIR. s. de pr., s. finir et on montre que cela signifie expliquer.

DÉGATS. s. soldats dans un champ, s. piller, arracher les fruits, les plantes.

DÉGELER. s. dur en frappant du revers du doigt du milieu, s. eau qu'on prononce fortement et longuement en réunissant les cinq doigts d'une main, s. chaud en aspirant, s. couler goutte à goutte.

DÉGÉNÉRER. Bisaïeul courageux ; aïeul courageux ; père courageux ; fils lâche, poltron.

DÉGOUTANT. s. prendre quelque nourriture, en goûter, s. cœur soulever et témoigner son aversion.

DÉGRAFFER s. nat.

DEGRÉ. s. élever successivement les deux index l'un sur l'autre.

SE DÉGUISER, s. changer d'habit.

DEHORS. s. *h. man*, avec le mouvement de repousser quelqu'un dehors.

AU DEHORS DE. On montre le dedans d'une tabatière, s. non on présente le dehors.

DÉJA. s. de, s. ja en appuyant le petit doigt sur la table et le retirant vite vers le côté droit.

DÉICIDE. s. faire mourir, s. Dieu J.-C.

Déjeuner. s. manger à 8 heures, s. matin en représentant le soleil qui commence à paraître sur l'horizon.

Déiste. s. croire en Dieu, s. adorer, prier pas.

Delà. De ce lieu, s. espace du saut d'un point à un autre avec la main droite comme pour franchir une distance.

Délacer. s. nat.

Délasser. s. marcher longtemps, s. fatigué, s'asseoir les bras croisés.

Délayer. s. nat. de mettre de la farine, 2e de l'eau, s. tourner avec un bâton.

Délectable. s. goûter grand plaisir intérieur.

Délicat. 1° sens, image travaillée et découpée bien menu, 2° sens, en fait d'esprit toujours en bonne part et pour des choses flatteuses, ainsi on dit une satire fine, une louange délicate, s. je ne conçois pas, s. un instant de réflexion et puis tout à coup en secouant légèrement la tête se mordre la lèvre avec l'air d'une surprise agréable, 3e sens, santé faible.

Délice. s. cœur, s. plaisir beaucoup, s. nager.

Délier. s. liens, s. ôter.

Délire. s. fièvre grande en tâtant le pouls, s. raisonner à tort et à travers.

Délit. s. roi qui commande, s. ferai pas, fouler aux pieds ce terme étant pour la loi civile il est du style du palais.

Déluge. s. eaux qui couvrirent tout l'univers, s. passé.

Demain. s. poser la tête sur la main droite pour le sommeil futur.

Demander (prier). s. qu'on nous donne quelque chose, air supplicatif les mains jointes puis retourner l'index vers soi.

Demander, faire une demande, attendre la réponse, s. dire à l'impératif, puis porter l'index à l'oreille pour montrer qu'on écoute.

Demeurer. s. maison, s. manger, dormir, puis le s. du présent *habiter*, même s. *h. man.*

Demi. s. de l'index droit, montrer le gauche comme si on voulait le couper par la moitié.

Demoiselle. s. anneaux marié pas, s. saluer de la main.

Démon. s. griffes, s. fureur, s. pousser au péché. — *Diable*. s. griffes, s. figure horrible, s. malice, pousser au péché. — *Satan*, s. adversaire, s. diable.

Démoniaque. s. démon entré dans le corps, s. agitation, contorsion et écumer.

Démonstration. s. preuve qui s'exprime, vous doutez voyez en montrant la chose, s. claire.

Dénaturé. s. sentiment, s. nature, s. négation.

Dénicher. s. ôter des oiseaux d'un nid.

Dénombrement. s. nombrer et compter, s. chose ou personne.

Dénouer. s. nat.

Départ. s. de, s. partir.

Département. s. étendue de terrain si vous commandez ici, vous là, vous dans tel autre lieu, et circonscrire l'espace.

Dépêcher. s. vite, vite, vite en poussant la personne et étendant ses deux bras, et montrant sur le visage l'inquiétude et l'agitation comme si on demandait un confesseur pour un malade qui passe.

Dépendre. 1er sens, détacher quelque chose qui était attaché; 2e sens moral, pour écrire, s. de préposition, 3e pendre, mais il faut expliquer être soumis à quelqu'un.

Dépit. s. mouvement de colère passager en frappant du pied par impatience.

Déplacer. s. nat. de déplacer quelqu'un ou quelque chose. — *Plaire*, se passer légèrement la main sous le menton avec un air de complaisance, s. cœur et se frotter les mains, regarder la personne avec des yeux d'amitié et lui faire politesse de la main.

Déplaire. Même, s. mais, de préposition et l'air de déplaisir.

Déplier. s. nat. de déplier un linge.

Déplorer. s. pleurer, s. malheur.

Déployer. s. de déployer une pièce d'étoffe ou quelque chose d'ample. Nota, on plie ou déplie les petites choses, on ploye ou déploye les grandes.

De plus. s. encore, s. plus, adverbe.

Déposer. 1er sens, ôter à quelqu'un charge, 2e sens, rendre témoignage.

Dépôt. s. de. s, poser, s. gardez-moi cela.

Dépouiller. s. ôter les habits à quelqu'un pour violence.

Dépourvu. s. qui n'a pas, qui manque.

Dépravation. s. esprit et cœur, s. action, s. corrompu.

Depuis. s. préposition qui se dit d'un temps relatif à un autre sans interruption, s. de conduire l'index d'un point à un autre. — *Dès,* n'exprime que le commencement de la chose sans ajouter l'idée de la continuation, signe de préposition.

Déraciner. s. nat. de déraciner une plante.

Déranger. Mettre différentes choses en désordre, s. de prép. s. ranger.

Déréglé. s. règle, s. de prép., et les déranger avec l'index s'il s'agit des mœurs, s. cœur.

Dérision. s. rire de quelqu'un, air moqueur.

Dernier. s. compter, 1, 2, 3, 4, 5, 6, s. fin.

Dérober. s, regarder de tous côtés pour voir si on est aperçu, couvrir la main droite de la main gauche et puis prendre.

Dérogation. s. lois, tous tous soumis, s. vous pas.

Déroute. s. armée vaincue, s. soldats, s. fuir à toutes jambes, un par ici, l'autre par là, l'un d'un côté, l'autre par un autre endroit.

Derrière. s. poser le dos des deux mains sur les reins.

Dès. N'exprime que le commencement de la chose sans ajouter l'idée de la continuation, s. de prép.

Désagrément. s. agréable au cœur pas, s. contraire.

Désarmer. s. ôter les armes à quelqu'un.

Désastre. s. grand malheur.

Désavouer. s. dérober et en détournant la tête dire c'est moi et puis devant les autres ce n'est pas moi.

Descendre. s. nat.

Désennuyer. s. de prép. s. ennuyer, bayer et puis aller jouer.

Désert. s. arbres partout, s. homme tout seul.

Déserter. s. soldat qui laisse ses armes et s'enfuit.

Désespérer. s. espérer, désirer pas, s. de prép.

Se désespérer. Se livrer aux fureurs du désespoir, s. arracher les cheveux.

Déshabiller. s. nat.

Déshabituer. s. écrire, travailler d'abord avec beaucoup de facilité, ensuite très difficilement avec *man* pendant.

Deshonnête. s. des, s. honnête, *h. man.* de respect adj., s. pas, s. contre la pureté et la décence.

Deshonneur. s. de prép., s. honorer *h. man.* avec respect.

Désirer. s. regarder quelque chose fixement en la dévorant des yeux, étendre vers cet objet les deux bras du côté gauche et les rapprocher de soi à plusieurs reprises en pliant les objets dans la paume de la main. *Espérer*, même s. mais ajouter oui oui. — Cela me viendra. — *Avoir confiance.* s. désirer, espérer, s. parce que Dieu est bon.

Dès lors. s. de prép., s. présenter l'index droit renversé à une certaine distance de soi.

Désobéir. s. commencer, s. va te promener. — *Obéir*, s. commandement, s. acquiescement des mains et de la tête.

Désœuvré. s. travailler pas, s. bailler les bras croisés.

Désoler. s. douleur, s. consolation pas, mais moins fort que désespérer.

Désordre. s. ordre, s. des, tout pêle-mêle.

Despotique. s. seule règle, je veux en commandant.

Dessein. s. volonté pour.

Dessert. s. fruit, noix, etc., arranger les plats sur la table.

Dessiner. s. nat.

Dessous. s. mettre une main sous l'autre,

Dessus. s. élever en tournoyant une main sur la table et mettre l'autre encore plus élevée.

Destiner. s. montrer une chose et l'endroit où l'on veut qu'elle soit placée, s. pour pas là, mais là.

Détacher. 1er sens, détacher quelque chose qui tenait avec une épingle. 2e sens, tache sur un habit, s. laver, frotter, s. reste reste rien.

Détail. s. vendre marchandise, un peu à celui-ci, un peu à celui-là ; 2e sens en parlant de récits, s. expliquer, s. général pas, s. particulier.

Déterminer. 1er s. doute, 2e s. oui ou non, s. fin, ou bien. s. de prép., s. terme en frappant du tranchant de la main devant soi à une certaine distance.

Détester. s. mettre les mains sur son front et les retourner avec vivacité comme pour repousser l'objet qu'on déteste et en même temps détourner la tête avec un air qui exprime ce sentiment.

Détourner. 1er sens, quelqu'un lit et on va le détourner; 2e sens, 1er s. prendre un chemin, 2e s. en prendre un autre tout opposé, s. index qu'on dirige vers un point, et tout de suite on fait aller au contraire.

Détresse. s. grande douleur d'esprit.

Détroit. s. mer, passage pas large, *d. manuel*.

Détruire. s. bâtir pas, s. rouler ses deux mains comme pour réprésenter qu'on fait tomber une muraille. — *Démolir*, s. déplacer les pierres les unes après les autres.

Dette. s. devoir, substantif, féminin.

Devant. s. présenter la paume de la main devant la figure de quelqu'un.

Développer. s. envelopper une chose et la développer.

Dévenir. s. de prép., s. venir, et pour l'expl. elle était grasse elle est devenue maigre.

Dévider. s. nat.

Deuil. s. habit noir, crêpe au chapeau, mousseline sur la manche.

Deviner. Les deux mains formées, pair ou non.

Dévoiler. s. nat. d'ôter un voile.

Devoir. s. frapper la table du bout de l'index à plusieurs reprises.

Dévorer. s. manger avec avidité et la montrant par les yeux agités, pour explication, les loups dévorent les agneaux.

Dévotion. s. mains jointes, yeux baissés, air sanctifié.

Deux. s. nombre qui double l'unité.

Diable. s. griffe, figure horrible, s. malice pour commettre un péché.

Diacre. s. étole en bandouillère.

Diadème. s. bandeau sur le front, couronne sur la tête.

Diagonale. s. nat.

Dialogue. s. deux ou trois personnes parler alternativement, s. air aisé et enjoué.

Diamant. s. pierre dure, s. briller, s. précieuse.

Diamètre. s. ligne qui passe par le centre d'un cercle.

Dicter. s. dire, s. commander, s. écrire.

Dictionnaire. s. dire, s. commander, s. écrire, lire.

Diète, s. manger peu, s. santé.

Dieu. s. élever la main droite vers le ciel, s. adorer

Dieu, lui grand respectable, moi petit, moi rien devant lui, en s'humiliant vers la terre, et dans l'expl. on détaille que c'est un esprit infiniment parfait, créateur du ciel et de la terre, de la mer et de toute chose, etc.

Différent. s. regarder les deux index puis les écarter, s. pas le même ; 2e sens, dispute, s. contre.

Difficile. s. croiser les index sur le front en se mordant la lèvre et faisant des yeux qui annoncent un grand embarras.

Difformité. s. forme, s. de prép. en faisant la grimace.

Diffus. s. discours, lâche, trop étendu.

Digérer. 1er s. manger, s. passer l'index sur la poitrine en s'arrêtant à l'estomac; 2e s. broyer en frottant les deux poings fermés vis-à-vis l'estomac.

Digne. s. *de man.* qu'on élève en signe de respect, s. mérite en frappant dans la main les doigts réunis.

Digue. s. eau qui roule avec précipitation, s. amasser de la terre, en faire une espèce de mur.

Dilater. 1er s. cœur fermé avec les deux poings fermés; 2e s. les séparer doucement l'un de l'autre avec un air qui annonce qu'on s'en trouve bien.

Diligence. s. travailler avec vivacité, long pas, s. voies les plus courtes.

Dimanche. s. jour travailler pas, assister à la messe, prier Dieu.

Dîme. s. curé, s. compter jusqu'à dix, prendre la dixième, à moi cela.

Diminuer. s. augmenter, puis avancer à diverses pauses le pouce sur le petit doigt.

Diner. s. manger à 12 heures ou bien soleil au midi.

Diocèse. s. terrain, s. évêque, s. commandement.

Dire. *de man.* porté à la bouche en remuant les lèvres.

Direct. s. qui va tout droit.

Directeur. s. conduire dans, s. spirituel, conscience, ou dans les affaires.

Diriger. s. confessionnal, s. parler doucement, s. à, à, à, pas, s. à, pas, à, oui.

Diriger les affaires, même s. mais s. administrer.

Dirimant. s. acte écrit, s. défaut, s. casser et déchirer.

Discerner. s. même nature pas, et pour l'expl. un écu de six franc et un louis d'or pas de même.

Discerner le bien du mal, s. comparer les deux index, s. un bon excellent et rejeter l'autre.

Disciple. s. écouter quelqu'un qui instruit, s. suivre, subst.

Discipline. s. plusieurs cordes ensemble avec des nœuds de distance en distance, s. s'en donner sur le dos.

Discorde. s. cœurs unis pas, s. maris et femmes, parents et amis, se disputer, se battre.

Discours. s. dire à plusieurs, s. air noble.

Discrétion. s. dire pas, le pouce sur la bouche chut avec un air réfléchi.

Disert. s. discours facile, clair, s. faible et sans feu.

Disette. s. manque des choses nécessaires à la vie.

DISGRACE. s. roi qui aime quelqu'un, le comble de bienfaits, s. plus l'écouter, il le chasse.

DISPARITÉ. s. comparer ensemble, s. semblable pas, s. séparer les deux index.

DISPARAITRE. s. retirer promptement la main droite perpendiculairement devant la main gauche dont le tranchant est perpendiculaire, puis le geste de quelqu'un qui s'écrie ha !

DISPENDIEUX. s. compter de l'argent beaucoup, beaucoup.

DISPENSE. s. roi qui commande à plusieurs de faire quelque telle chose, s. permettre à une ou deux personnes de ne pas faire la même chose.

SE DISPOSER. s. façonner son cœur, comme on façonne de l'argile.

DISSIMULER. s. devant faire politesse et le dos tourner se moquer.

DISSIPER. s. tête évaporée.

DISTANCE. s. montrer un lieu A ensuite un autre point B, étendre le bras droit pour faire voir l'éloignement de l'un à l'autre.

DISTINGUER. s. un pas l'autre, exemple de deux écus de six francs.

DISTRIBUER. s. donner à plusieurs.

SE DIVERTIR. s. nat. s. beaucoup étudié, tête fatiguée, s. dissipation.

DIVISER. s. faire avec le tranchant de la main cette figure.

DIVORCE. s. mari et femme l'un d'un coté et l'autre de l'autre.

DOCILE. s. supérieur qui commande, s. faire tout avec un air soumis, doux et facile.

Docteur. s. science, s. chausse sur l'épaule gauche.

Doctrine. s. radical de la chausse de docteur, s. science, s. écriture, substantif féminin.

Dodu. s. poulet, prendre la chair à pleines mains.

Dogme. s. vérité de la religion, s. croire, s. il faut.

Doigt. s. nat.

Domaine. s. terre, maison, s. à moi tout cela, et puis étendre les mains devant soi comme pour souverain.

Dôme. s. maison au-dessus, voûte, figure demi-sphérique.

Domestique. s. servir à la maison, s. homme.

Domicile. s. endroit où l'on mange, couche, toujours en posant la main sur la table pour stabilité.

Dominer. s. être maître, avoir pouvoir et autorité, 2° s. vouloir l'emporter sur les autres.

Dominicale. Oraison dominicale, s. prière à Dieu qui commande en retournant vers soi l'index, adjectif féminin.

Dommage. s. perte, malheur, et pour exemple, les bestiaux vont dans les blés et les ravagent.

Dompter. s. renverser et fouler aux pieds.

Donc. s. frapper la table de l'index, adverbe.

Donner. s. nat.

Dont. s. *d man.* relatif qu'on rapporte sur le mot précédent.

Dormir, s. nat.

Dortoir. s grande chambre, s. alcôves et lits à la file les uns des autres, s. dormir.

Dose. s. faire une ec , pour la composer

prendre des drogues par ici, assez, par là tant encore assez.

Dot. s. fille à marier, ou religieuse, s. père et mère, compter une somme d'argent.

Douaire. s. homme qui veut se marier, s. donne à sa femme tel bien, tant d'argent après sa mort pour lui appartenir.

Douane. Lieu déballer les paquets, s. payer entrée dans la ville.

Double. s. montrer une chose, en mettre une autre dessus, un, deux.

Doucement. s. vite pas, agiter les deux mains très légèrement, doucement, doucement.

Douceur. s. porter l'index à la bouche comme si on goûtait du sucre ou du miel, s. lécher ses lèvres ; 2e sens, esprit, cœur sociable avec tout le monde, ne rebuter personne, manière honnête.

Douleur. Agiter fortement et avec grimace les poings fermés devant l'estomac et montrer l'endroit ou l'on sent la douleur, la tête, le bras, etc.

Douter. s. si dubitatif à l'infinitif.

Doyen. s. société, s. le plus vieux, 1er.

Dragée. s. petite graine dure et blanche porter à la bouche, s. bonbons.

Dragon. s. gros serpent qui a des ailes ; 2e sens, soldats, fusil, épée, monter à cheval, en descendre et combattre à pied.

Drapeau. s. armée, s. linge porté en haut d'une perche et qui va au gré du vent, fleurs de lis dessus.

Dresser. s. nat. de dresser une chose courbée.

Drogue. s. malade, s. prendre tantôt d'une petite fiole, tantot d'une autre, et en donner au malade.

Droit. s. en zig-zag pas, s. diriger la main droite devant soi, 2e sens, s. frapper sur la table de l'index pour exprimer ce qui est dû, s. à moi, 3e sens, étudier le droit, s. assemblage des lois, s. livre.

Drôle. s. homme débauché, s. gaillard et plaisant.

Duc. s. petit terrain, s. commandement *de man.*

Duel. s. combat de deux personnes à l'épée, au pistolet.

Duplicité. s. simple, vrai pas, ruse et mensonge.

Dur. s. frapper sur la table du revers du doigt du milieu.

Durant. Prép. s. *de man.* que l'on conduit devant soi à plusieurs reprises, présent du participe.

Durcir. s. venir, s. dur, et pour l'expl. le pain gardé depuis plusieurs jours, ou bien, s. cire molle, puis s. dure.

Durer. s. *de man.* que l'on conduit devant soi à différentes pauses.

Duvet. Petite plume douce.

E

Eau s. faire dans la main gauche un creux en forme de canal, y faire passer la droite, en prononçant eau.

Ébauche. s. peindre, s. quelques traits de crayons, mais y ajouter des couleurs pour distinguer l'esquisse qui ne dit que le premier trait de crayon.

Éblouir. s. regarder le soleil et fermer les yeux.

Éborgner. s. nat. de faire mal à un œil, ou de le crever.

Ébranler. s. tâcher de faire remuer un arbre, s. frapper la terre d'une hallebarde.

Ébrécher. s. casser une partie d'une dent.

Écaille. s. ouvrir une huître et rejeter l'écaille.

Écarlate. s. rouge, rouge, s. qui fait fermer les yeux, parce qu'il frappe à la vue et on se frotte la joue.

Écarter. s. de droite et de gauche, écarter des mains la foule comme le font les suisses.

Ecclésiastique. s. tonsuré, sous diacre, diacre, prêtre, etc.

Échafaud. s. percher pour attacher des planches sur le mur, s. ouvrier sur les planches; 2e sens, s. charpente dressée, s. criminel conduit, s. trancher la tête.

Échalas. s. bâton planté en terre appliqué contre la muraille, s. soutenir les arbres et les branches.

Échanson. s. roi, s. présenter le verre sur une soucoupe.

Échantillon. s. couper une petite partie, une bande de drap, s. comparer avec la pièce.

Échapper. s. oiseau qu'on tient dans une cage ou dans la main et qu'on caresse, qui s'échappe quand on y pense le moins.

Écharpe. s. nat. d'avoir le bras en écharpe.

Échauffer. s. agir avec empressement, être essoufflé, porter la main au front pour montrer la sueur.

Échelle. s. nat.

Échevin. s. robe de palais, velours pour devant, s. gouverner la ville.

Échine. Épine du dos.

Écho s. crier, s. montrer le lointain, et rapporter l'index à l'oreille pour indiquer le réfléchissement de la voix.

Éclaboussure. s. jeter une pierre dans la boue et montrer les taches éparses sur le visage et sur les habits.

Éclair. s. feu subit dans l'air, s. un petit mouvement avec l'air de surprise.

Éclaircir. s. agiter une bouteille on montre qu'elle est trouble, puis abaisser doucement les mains pour la laisser reposer, s. clair en agitant doucement les doigts un peu écartés.

Éclaircir au moral. Sens figuré : 1° regarder quelque chose, un livre ; 2° porter l'index sur les yeux et sur le front, je ne vois pas, je n'entends pas, s. expliquer, s. clair, s. air de satisfaction.

Éclairer. s. agiter les doigts de la main droite pour exprimer la lumière et les conduire comme si on éclairait les pas de quelqu'un.—*Au moral*, s. esprit, s. éclairer.

Éclater. s. séparer les mains avec violence en disant fortement paf.

Éclipse. s. de la main gauche représenter le soleil, s. faire passer devant la main droite, s. voit plus.

ÉCLUSE. s. rivière, s. ouvrir la porte, s. couler, s eau.

ÉCOLE. s. lieu enfants qui apprennent.

ÉCOLIER. s. étudier, apprendre, s. porte-feuille sous le bras.

ÉCONOME. s. régler la dépense en comptant de l'argent, s. veiller à tout, s. mettre de côté.

ÉCOT. s. manger à l'auberge, s. chacun payer sa part.

ÉCOULER. s. creuser la main gauche en forme de canal en disant eau, puis poser le bout de l'index droit sur le bord et le long de la gauche à différents points marquant que l'eau s'écoule par là.

ÉCOUTER. s. nat. pencher un peu la tête et porter l'index droit sur l'oreille comme pour l'ouvrir. — *Entendre*, même s., mais on frappe à plusieurs fois sur l'oreille de l'index comme pour dire j'entends.

ÉCRASER. s. nat. écraser une araignée, une pomme cuite.

ÉCRIER. s. *de man.* porter la main à la bouche comme si on voulait en retirer quelque chose avec force; ensuite l'élever vers le ciel en ouvrant la bouche bien grande comme lorsqu'on crie. — *Crier*, même s.

ÉCRIRE. s. nat.

ÉCUEIL. s. mer, rocher, s. écarter le vaisseau, s. craindre.

ÉCUMÉNIQUE. s. concile, toute, toute l'église.

ÉCURIE. s. petite maison, chevaux, manger, dormir.

ÉCUSSON. s. tracer un rond ou ovale, s. graver des armes dessus.

ÉDIFIER. Même s. que construire en mettant les deux mains les unes sur les autres par ordre, mais on y ajoute s. bien ou beau qu'on convient à l'idée d'édifice.

ÉDIFIER au moral. Donner bon exemple, en écrivant sur le dedans de la main et la présentant, puis le s. air dévot.

ÉDIT. s. e, s. dit, s. roi, s. commandement, s. afficher et publier.

ÉDITEUR. s. corriger un livre, s. imprimer, s. afficher.

ÉDUCATION. s. nourrir, instruire un enfant, s. le représenter, croître, s. grand, s. fin.

EFFACER. s. nat. d'écrire et sur le champ effacer.

EFFARÉ. s. air et maintien, hagard, les yeux qui tournent de tous côtés avec un extérieur troublé.

EFFAROUCHÉ. s. appeler un chat, faire du bruit et le représenter courant à toutes jambes.

EFFÉMINE. s. faible comme une femme, aimant la parure, les eaux de senteur.

EFFERVESCENCE, s. eau sur le feu, s. commence tant soit peu à bouillonner.

EFFET. s. fait, s. de.

EFFICACE. s. produire son effet, s. oui, oui certain, en frappant sur la table d'un air qui annonce que la chose sera.

EFFIGIE (tient la place de la chose même), s. voleur qui a pris la fuite, s. faire son portrait et l'attacher à la potence.

EFFLANQUÉ. Flancs creux, maigres et allongés.

EFFORCER. s. nat. de tirer à soi une chose avec force avec les bras raidis et qui montre la résistance qu'ils ont à vaincre.

Effrayer. s. nat. en voyant quelque chose de subit, par exemple, on tire son épée de son fourreau pour nous tuer.

Effrené. s. frein à la bouche pas, s. laisser aller devant soi ; au figuré, s. cœur corrompu.

Effronté. s. e, s. porter la main au front et montrer de l'impudence, adj.

Effrontément. Adverbe.

Effusion. Grande démonstration d'amitié et de confiance.

Égaler. s. remuer les deux index l'un contre l'autre, de manière que l'un surpasse, ensuite les joindre juste de sorte qu'ils ne dépassent pas ; *à l'égard de*, s. e, s. élever la paume de la main devant, s. figuré, s. de.

Égarer. s. tracer la route avec les deux mains et y marcher, puis s'en écarter avec l'air de dire je ne sais plus où je suis.

Égayer. s. montrer d'abord un visage triste, une mine allongée, puis montrer de la gaîté, s. rire, s. s'amuser.

Église matérielle. s. comble de maison, s. tour et clocher, s. croix au-dessus.

Église de J.-C. s. assemblée des fidèles, trois couronnes pour représenter le tiare du Pape, s. croix au-dessus.

Égoïste. s. parler beaucoup de soi, rapporter tout à soi, indifférent pour les autres.

Égout. s. eau qui coule dans les ruisseaux, s. creux où elles vont toutes aboutir.

Élargir. s. étroit, s. nat. d'élargir un corps, une robe.

ÉLASTIQUE. s. plier une baleine, s. par son ressort reprendre son premier état.

ÉLÉGANCE. s. pensée écrite, s. agréable et bon à l'oreille, s. comme la règle.

ÉLÉGIE. s. chanson triste, s. air douloureux.

ÉLÉMENTS. s. l'air, l'eau, la terre et le feu ; 2e sens, premier principe d'une science.

ÉLEVER AU MORAL. s. e, s. lever qui s'exprime en levant par gradation les deux mains, les paumes en haut, s. instruction, s. apprendre.

ÉLEVER. Même s. mais avant le s. de préposition.

ÉLIRE, s. montrer du doigt plusieurs personnes que l'on regarde avec attention, s. laisser toutes les autres et en prendre une que l'on conduit à quelque dignité, supérieur, curé, évêque, etc.

ÉLOCUTION. s. parler et y ajouter le s. du latin pour faire voir qu'il vient d'eloqui.

ÉLOGE. s. e, s. louer, substantif.

ÉLOIGNER. s. de prép., s. poser l'indéx droit sur le bout de l'index gauche, avancer celui-ci devant soi en montrant le lointain.

ÉLOQUENCE. s. écrire ou parler, s. manière vive et persuasive.

ÉLU. Choisi de Dieu.

EMBARRASSER. s. chemin, s. représenter de l'embarras avec les deux mains, on ne peut pas avancer.

EMBARRASSER AU MORAL. s. interroger quelqu'un et montrer son embarras à répondre, dans son air, ses yeux, son maintien en regardant la route de côté et d'autre.

EMBELLIR. s. faire, s. beau en passant la main sur

tout le visage, mettant du rouge et quelqu'autre détail de toilette, s. c, *man.*

EMBONPOINT. s. gros ventre, joues à pleines mains.

EMBRASER. s. feu çà et là, montrer le brasier ardent puis la main à la joue pour représenter le rouge et l'ardeur.

EMBRASSER. s. nat.

EMBUCHE. s. piège caché tomber dedans, s. air de surprise, s. vous avez de la malice.

EMBUSCADE. s. soldats cachés dans un lieu secret, s. chut et regarder de côté et d'autre, s. tomber tout à coup sur l'ennemi.

ÉMERVEILLER. s. e, prép., s. admirer, s. frottement des mains.

ÉMINENCE. s. rase campagne, s. petite hauteur au-dessus ; 2e sens, titre de cardinal.

EMMANCHER. s. nat. d'emmancher un balai.

EMMANUEL. s. Dieu avec nous.

EMMENER. s. mener d'une main et de l'autre le s. en à plusieurs reprises.

EMOLUMENT. s. charge ou dignité, s. rapporte tant d'argent, mettre dans sa poche.

EMPAILLER. s. nat. d'empailler une chaise.

EMPÊCHER. s. présenter la main comme pour empêcher quelqu'un de passer.

EMPEREUR. s. cordon bleu, s. double couronne.

EMPHASE. s. parler d'un air pédant et affecté.

EMPLETTE. s. acheter et montrer la chose.

EMPLIR. s. nat.

EMPLOYER. s. faire les s. nécessaires pour employer différents matériaux, comme plâtre et bois, etc.

EMPOISONNER. s. mêler quelque chose dans un

verre en cachette avec un air de méchanceté, s. boire, s. douleur d'estomac et s. mourir.

EMPORTER. s. en, s. porter.

ÉMULATION. s. grand désir d'apprendre comme les autres.

ÉMULE. s. montrer deux personnes qui apprennent, s. tous les deux, s. égaux, ensuite le s. opposer l'un à l'autre.

EN. s. descendre l'index perpendiculairement et en appuyer l'extrémité sur la table.

ENCEINTE. s. maison et montrer la cour et jardin tout au tour.

ENCENS. s. présenter l'encensoir y mettre de l'encens et le bénir.

ENCENSER. s. nat.

ENCHAINER. s. en, s. chaînes en faisant des anneaux avec les deux index et les pouces, et les mettre aux pieds et aux mains.

ENCHANTER. s. en, s. chanter, s. frottement des mains.

ENCLIN. s. penchant du cœur, s. à.

ENCOLURE. s. le col d'un cheval qui porte bien la tête.

ENCORE. s. présenter la main pour recevoir de l'argent en secouant la tête pas assez, encore, encore en frappant de l'index sur la table, puis ajouter de l'argent, frapper une seconde fois.

ENCOURAGER. s. allons, allons peur pas.

ENDORMIR. s. en, s. dormir, et pour exemple bercer un enfant.

ENDROIT. s. décrire un cercle devant soi et y porter la main en le montrant.

ENDURCIR. s. en, s. durcir, et pour l'exp. pain gardé depuis plusieurs jours, ou bien cire molle, puis s. dur.

ENDURER. s. en, s. durer, s. souffrir.

ENDURER, PATIENTER. s. en, s. durer avec l'air du visage qui montre la patience.

ÉNERGIE. s. discours, s. force intérieure.

ÉNERGUMÈNE. s. diable entré dans le corps, s. faire des contorsions horribles.

ENFANT. s. emmaillotter, bercer, porter dans ses bras.

ENFER. s. feu, s. précipice, s. toujours.

ENFERMER. s. en, s. fermer les deux battants, s. clef.

ENFILER. s. nat.

ENFIN. s. en, s. fin en prononçant ha ! pour montrer la satisfaction d'être arrivé à son but.

ENFLAMMER. s. en, s. feu, s. flamme.

ENFLER. s. nat. d'enfler une vessie en soufflant dedans.

ENFONCER. s. en, enfoncer les doigts réunis de la main droite dans la main gauche, mais très lentement.

S'ENFUIR. s. en, s. fuir promptement.

ENGAGER, 1er sens on pousse doucement le coude de quelqu'un avec un air engageant, 2e sens, s. recevoir de l'argent, s. cocarde.

ENGENDRER. s. père à l'infinitif.

ENGOURDIR. s. picotement puis montrer les jambes et les pieds qu'on ne peut poser à terre, ni remuer.

ENGRAISSER. s. manger beaucoup, s. gros ventre, grosses joues qu'on prend à pleines mains.

ENIGME. s. prép. : cacher et obscur, s. devinez.

ENJOINT. s. en, s. joindre les mains, s. commandement.

ENIVRER. s. boire, s. encore un coup, puis un autre, encore un autre, ne plus se tenir sur les jambes, à moi muraille.

ENLEVER. s. en, s. lever avec force.

ENNEMI. s. homme contre, qui se combattent, 2e sens, s. cœurs opposés en repoussant de la main gauche.

ENNUYER. s. bailler, étendre les bras.

ÉNORME. s. grand, grand, grand, s. trop grand, ou bien trop gros s'il s'agit de la grosseur.

ENQUÊTE. s. juge qui commande de chercher de tous côtés.

ENRHUMER. s. porter la main à la poitrine, et tousser.

ENRICHIR. s. en, s. compter de l'argent dans la main, beaucoup et se frotter les mains pour montrer combien on est aise.

ENSEIGNE. s. perche contre une maison, enseigne au bout, vin à vendre.

ENSEIGNER. s. parler à plusieurs, s. mettre dans la tête.

ENSEMBLE. s. en, et les deux mains appliquées l'une contre l'autre en faisant le s. d'assembler.

ENSEVELIR. s. nat. d'ensevelir un mort.

ENSUITE. s. en et faire suivre la main gauche de la droite vers le côté.

ENTASSER. s. nat. de pousser contre la muraille de la neige avec les deux mains, ou de la terre dans un tas.

Entamer. s. nat. de couper l'extrémité d'un pain.
Entendre. 1er sens, porter l'index à l'oreille et la frapper à plusieurs fois, 2e sens, l'index à l'oreille puis au front.
Enterrer. s. en, s. faire un cercle.
Entêter. s. ne sortez pas il pleut il neige, je veux sortir, n'en faites rien, je sortirai et montrer tout l'air de l'entêtement.
Enthousiasme. s. feu dans l'esprit, s. parler d'un air transporté, s. ho que cela est beau.
Entier. s. conduire le *t. man.* de la tête jusqu'aux pieds en prononçant tout, tout, et aux pieds on fait le signe de fin.
Entièrement. s. commencement jusqu'à la fin.
Entourer. s. en, s. faire un cercle.
Entrailles. s. intérieur, boyaux, cœur, etc.
Entraîner. s. en, s. arracher quelqu'un par son habit, il résiste, mais il faut le traîner à terre.
Entre. s. entrouvrir les doigts de la main gauche et y faire passer successivement le tranchant de la main droite.
Entrepôt. s. entre, s. poser, s. différentes marchandises.
Entreprendre. 1er sens, s. entre, s. prendre, 2e sens, commencer à faire.
Entrer. s. nat., on approche l'extrémité des mains, on les sépare comme pour représenter une porte qui s'ouvre, ensuite on fait rentrer les mains rapprochées.
Entretenir. s. entre, s. tenir, 1er sens, causer, parler avec plusieurs, 2e sens, fournir le nécessaire, même s. radical, mais on ajoute donner du pain, etc.

ENTREVOIR. s. entre, s. voir, on se met la main sur les yeux les doigts tant soit peu entr'ouverts.

ENVELOPPER. s. nat.

EN VAIN. s. en, s. pour rien, adv.

ENVERS. s. en, s. *v. man.*, tourné vers la personne ou la chose.

ENVIER. s. mordre le petit bout du doigt et regarder avec deux yeux jaloux. — *Jalouser*, regarder de travers et avec peine les bijoux, l'ajustement, la figure d'un autre et le signe de désir.

ENVIRONNER. Il ne faut pas confondre avec entourer, celui-ci demande un cercle parfait, mais environner exige une espèce de cercle plus grand et inégal comme on voit d'une province dans une carte géographique, à peu près cette figure.

ENVISAGER. s. regarder le visage, s. en, s. visage.

ENVOYER. s. commander à quelqu'un, s. à montrer le lieu.

ÉPARGNER. s. las, s. en tirer, un peu pour manger ou s'habiller, puis faire signe de mettre le reste de côté sous la clef.

ÉPARGNER QUELQU'UN. s. donner des coups, des soufflets à quelqu'un, ensuite, montrer un petit enfant que l'on ménage, lui non, oh, oh, le pauvre petit.

ÉPARS. s. morceaux par ici, par là, dispersés.

ÉPHOD. s. habit des prêtres juifs, blanc, sonnettes au bas.

ÉPI. s. de la main, représenter le tuyau mince qui pousse, s. graine au haut et pencher un peu le sommet de l'épi en le montrant agité par les vents.

Épices. s. poivre, sucre, sel, etc. s. en mettre sur les plats.

Épilogue. s. livre, s. dernier chapitre.

Épiphanie. s. fête de la manifestation, s. trois rois adorer, J.-C.

Épitaphe. s. pierre sur le tombeau, s. écrire dessus.

Épitalame. s. mariage, s. chanson.

Épithète s. substantif, adj. joint.

Épitre. s. lettre des apôtres, s. avant l'évangile.

Époque. s. diriger l'index vers un point fixe, de là compter les années.

Épousaille. s. action de dire au prêtre oui, je prends pour mon épouse et pour mon mari.

Équestre. s. statue, s. homme représenté à cheval.

Équilibre. s. balancer les mains, s. mettre de niveau.

Équité. s. balance, s. égale, s. bien. — *Iniquité*, s. balance inégale, s. péché.

Équivoque. s. mot à double sens, s. différends en remuant la tête pour exprimer qu'il y a quelque chose de caché.

Érésipèle. s. maladie de la peau.

Ermite. s. forêt, désert, s. homme vivre en prière.

Erreur. s. mensonge dans l'esprit, croiser les index qu'on agite devant le front.

Escadre. s. assemblée des vaisseaux, s. combattre l'ennemi.

Escadron. s. soldats à cheval rangés en bataille pour combattre l'ennemi.

Escalade. s. muraille de ville, s. appliquer des échelles, s. monter, s. prendre la ville.

Escalier. s. monter un étage d'une main, s. degré pour y monter en élevant alternativement les index l'un sur l'autre.

Escarmouche. s. deux armées en présence l'une de l'autre, s. partie de soldats qui se détachent des deux côtés et font quelque décharge de coups de fusil, s. inviter à combattre avec l'air de defier.

Escarpin. s. soulier à mince semelle.

Escient. (Pleine connaissance de ce que l'on fait) à ton escient, s. toi, sachant, s. biens pas à toi.

Esclavage. s. servir, s. les fers aux pieds et aux mains.

Escorte. s. troupe de gens armés, s. accompagner quelqu'un pour le défendre.

Escrime. s. s'exercer à faire des armes, s. le poing sur le côté gauche en garde là.

Escroc. s. voler adroitement en filoutant, s. croquer.

Espace. s. serré, rétréci pas, s. étendre le bras autant que l'on peut en décrivant un demi cercle devant soi.

Espalier, s. arbres, s. attacher les branches contre la muraille d'une figure plate.

Espèce. s. présenter le tranchant de la main sur une table et le repousser à différents points, pour l'explication on montre aux sourds et muets un panier divisé par cases dans lequel il y a des liards, des pièces de 12 fr., de 24 fr. et des écus.

Espèces sacramentelles. s. rondeur, s. goût du pain et du vin, s. pain ni vin plus, c'est J.-C.

Espérer. s. désirer, qui s'exprime en regardant une chose fixement en la dévorant des yeux, étendre vers cet objet les deux bras du côté gauche et les rapprocher de soi à plusieurs reprises, en pliant les doigts dans la paume de la main, puis, s. oui, oui, cela me viendra.

Espièglerie. s. enfant, s. vif et éveillé, s. faire des tours de petites malices.

Espion. s. air de ne pas faire attention et cependant regarder tout ce que l'on fait, s. aller ensuite rapporter un tel a fait cela, un autre telle chose.

Espoir. s. espérer, s. subs. masculin.

Esprit. Porter l'index droit au front, siège de l'esprit, frapper doucement à plusieurs reprises avec l'air d'annoncer bon, bon.

Esquisse. s. peindre, s. quelques coups de crayons jetés à la légère.

Esquivé. s. pierre qui tombe, s. se retirer avec légèreté et promptitude.

Essaim. s. abeille, s. assemblage, s. voler ensemble tout autour de la ruche.

Essayer. s. nat. d'essayer un habit ou des souliers.

Essenien. s. juifs, s. vivre en retraite, prier, vie contemplaire.

Essence de dieu. Dieu est partout, voit tout, connaît tout, peut tout, entend tout, gouverne tout, etc.

Essieu. s. roue de charrette, passer une de bois rond par le moyeu des roues.

Essor. s. action qui s'élève de terre dans les airs, s'agiter les coudes en forme d'ailes.

Essuyer. Mains mouillées, et les essuyer.

Estafilade. s. longue coupure au visage.

Estampe. s. passer la main sur la figure, s. peindre, s. papier passer sous la presse.

Estimer. 1er sens, s. esprit, s. *e. man.* avec le s. de respect, 2e sens, juger ce que vaut une chose, s. tenir la chose tantôt d'une main, tantôt de l'autre d'un air dubitatif, enfin d'un air décidé frapper sur la table en disant par ses gestes cela vaut tant.

Estropier. s. bras, jambes cassées, s. les laisser agités comme morts.

Et. s. le bras droit courbé, agiter légèrement la main comme pour repousser quelque chose de gauche à droite.

Étable. s. maison, bœufs, vaches, râteliers, s. avancer la tête pour arracher du foin.

Établir. s. *e. man.*, s. frapper la table du dedans des deux mains, s. commandement. — *Instituer,* s. *i. man.* et même s. qu'établir.

Étage. s. maison divisée par hauteur, 1, 2, 3.

Étain. s. argent pas, s. plier aisément.

Étaler. s. marchands qui étalent leurs marchandises.

Étamine. s. étoffe, habit ou soutane mince, poil dessus.

Étang. s. réservoir d'eau douce s. nourrir poisson, s. écluses.

État. s. être substantif, puis pour empire on montre une étendue de pays.

Été. s. temps chaud, s. couper les blés.

Éteindre. s. nat. d'éteindre une chandelle, le feu en y jetant de l'eau.

Étendard. s. soldats à la guerre, s. drapeau au bout d'une perche.

Étendre. s. étendre les bras, du linge pour sécher.

Éternité. s. toujours en remuant les bras avec le *t. man.* comme pour faire des cercles, s. fin point, s. adjectif substantifié.

Éternuer. s. nat.

Éthéré. Air, s. cercle du ciel, s. plus haut.

Étique. s. homme maigre et sec, la peau et les os.

Étiquette. s. flacon, s. papier dessus avec une inscription.

Étoffe. s. tissu de fil, soie, laine, etc., pour faire des habits, on montre *e. man.*

Étoilé. s. nuit, de l'index montrer différents points du firmament, s. briller.

Étole. s. nat.

Étonnant. s. laisser aller devant soi les deux mains avec un air surpris disant oh, oh, de quelque chose de subit.

Étonner. Même s.

Étourdir. s. frapper l'oreille de l'index, agiter les mains devant le front, et se boucher les oreilles.

Étourdi. s. agir avec précipitation, la tête en l'air, s. réflexion pas.

Étrange. s. l'usage ordinaire pas, s. contre.

Étranger. s. de ce pays pas, s. avancer les deux bras agités vers le côté droit en tournant la tête à l'opposé.

Être. Verbe auxiliaire qui sert principalement à

joindre les adjectifs aux substantifs, il s'exprime en passant la main droite sur le revers de la gauche, les séparer et les poser sur la table, mais il faut remarquer qu'on dirige les mains vers le lieu où sont les personnes ou les choses dont on parle, par exemple, les saints sont dans le ciel, le mot sont s'exprime en présentant vers le ciel les paumes des deux mains.

Étrenne. s. 1er jour de l'an, s. donner un almanach.

Étroit. s. large pas, s. rapprocher les deux paulmes de la main.

Étudier. s. lire et mettre dans sa tête, s. nat. d'un écolier qui étudie sa leçon.

Étui. s. avec les deux mains fermées les unes sur les autres faire comme si on ouvrait un étui, s. mettre des épingles et le fermer.

Étymologie. s. source des mots, ce dernier s'exprime ainsi : 1er parler, 2e poser l'*m. man.* sur les lèvres comme pour terminer la parole.

Évangile. s. livre, faire une croix avec le pouce, l'embrasser en signe de respect, s. l'encenser.

Eucharistie. s. présenter la sainte hostie sur le ciboire et la montrer *ecce agnus dei*, on omet le s. donner pour distinguer de la communion.

Évêché. s. terrain de l'évêque qui s'exprime pour la croix sur la poitrine et la mitre.

Éveiller. s. dormir, s. éveiller.

Éventail. s. nat.

Éversion. s. renversement total.

Évidence. s. voir. s. clair avec l'air du contentement d'une personne qui dit oui, oui je vois bien.

Éviter. s. apercevoir quelqu'un, de l'index on montre qu'on ne veut pas en approcher on s'écarte subtilement en prenant une autre route et craignant d'être vu.

Eux. Pronom relatif pluriel de la 3e personne, s. *e. man.* que l'on promène à différents points devant plusieurs personnes.

Exact. s. comme règle, s. faire tout.

Exaction. s. droit, s. faire payer plus ou trop.

Examiner. s. regarder soigneusement ses deux mains en la retournant en tous sens, 2e sens interroger quelqu'un, s. bien où mal, 3e sens, s. radical d'examiner, s. conscience, s. péché.

Exaucer. s. prier Dieu, s. Dieu écoute, s. accorder.

Excellent. s. goûter en portant l'index droit aux lèvres, s. bon, bon, puis élever la main directement au-dessus de la tête avec un air de complaisance.

Excepter. s. tout, s. un ami à l'écart.

Excès. s. bornes, limites, s. au delà.

Exciter. s. allons, allons faites cela.

Exclamation. s. porter la main à la bouche les doigts réunis comme pour en faire sortir la voix, s. l'élever bien haut en l'air avec l'air d'admiration ou de douleur selon les circonstances.

Excommunier. s. ex., s. communion pas, s. chassé de la société des fidèles.

Excursion. s. ex., faire une sortie sur le pays ennemi.

Excuser. s. interroger, je ne sais pas, s. gronder, s. j'ai été malade, s. pardon.

Exécuter. s. accomplir, s. finir ; 2e sens, faire mourir, prendre, rouer.

Exemple. s. tracer quelque chose sur la main gauche et la présenter, s. faire comme, exemple de conduite, s. bonnes actions, s. faire comme, exemple pour éclaircir, s. pour, s. expliquer.

Exerçer. s. *e man.*, s. faire quelque chose souvent ; 2e sens, faire faire l'exercice aux soldats ; 3e sens, apprendre et répéter.

Exhalaison. s. air, vapeur sortie de la terre ou du corps.

Exhérédation. s. fils exclus de l'héritage de son père.

Exhorter. s. prêcher, s. pousser l'épaule avec un air engageant.

Exhumation. s. corps enterré, s. ordre de justice, s. l'ôter de terre.

Exiger. s. nat. il faut faire telle chose.

Exil. s. roi qui écrit, s. exclure du pays natal, envoyer loin.

Exister. s. être, s. vivant.

Exode. Deuxième livre de Moïse, s. sortie d'Egypte.

Exorciser. s. prier, faire des signes de croix, jeter de l'eau bénite, s. chasser le démon.

Exorde. s. commencement du discours, s. se tenir debout, s. fin, puis s'asseoir.

Expédient. s. affaire difficile, s. moyen de sortir en disant Ah ; 2e sens, utile bon pour.

Expéditif. s. faire beaucoup, vite, vite, en peu de temps.

Expérience. s. éprouver, fait plusieurs fois, s. sait bien ; 2e sens, essayer, s. tenter si.

Expert. s. très habile dans telle chose.

Expier les péchés. Aumônes effacer ; prières effacer ; jeûnes effacer.

Expirer. s. pousser plusieurs soupirs distinctement, s. mourir.

Explicite, s. tirer des plis, s. enveloppe pas.

Expliquer. s. ôter des plis, avec les deux pouces et les deux index on fait comme pour développer un rouleau de rubans.

Exploit. s. action, grande grande, s. louange ; 2e sens, présenter papier timbré ; s. payer ou en prison.

Exposer. 1er sens, s. présenter son corps et passer auprès d'une muraille qui menace ruine ; 2e sens, exposer le Saint-Sacrement, on fait le s. de la bénédiction comme si on avait le soleil entre les mains et présenter les deux paumes des deux mains comme pour mettre le soleil dans la niche.

Exprès. En terme exprès ; 2e sens, dépêcher un courrier exprès, s. radical ex., s. près, mais on y ajoute le s. de pour à dessein.

Exprimer. s. conduire l'index et le pouce de la main droite jointe ensemble du fond de la poitrine les faire sortir par la bouche et faire le s. expliquer.

Expulser. s. conduire forcément à la porte, ne venez plus, s. menace.

Exquis. s. bon bon en goûtant, s. précieux, ordinaire pas.

Extase. s. esprit dans la contemplation du ciel, sentiments plus, les yeux fixes, le corps immobile.

EXTÉRIEUR. s. intérieur en passant l'index sous son habit, s. pas et présenter les mains les revers tournés du côté du visage, ou bien montrer l'extérieur d'une tabatière.

EXTERMINER. s. agiter successivement les deux bras étendus et les deux poings fermés, mais d'une manière bien marquée et avec force en les tournant vers la terre.

EXTERNE. s. qui vient du dehors, s. homme.

EXTINCTION. s. action d'éteindre, de détruire antérieurement.

EXTIRPATION. s. arracher jusqu'à la racine.

EXTORSION. s. arracher par force et par menace.

EXTRAIT. s. abrégé, s. tiré de *prepo*.

EXTRAORDINAIRE. s. contre, s. de surprise ou rare selon le cas.

EXTRAVAGANCE. s. parole errante çà et là, s. folie.

EXTRÊME. Très grand, s. grand, grand, grand et jeter la main au-dessus de la tête avec un air d'impatience de ne pouvoir y atteindre.

EXTRÊME-ONCTION. s. onction. s. dernière, et pour l'exp. on montre que la 1re se fait au baptême, la 2e à la confirmation, la 3e pour les hommes à l'ordination, la 4e dans la maladie.

EXTRÉMITÉ. s. montrer une canne et appliquer l'index sur le bout le plus éloigné.

EXTRINSÈQUE. s. dehors, adj., s. *latin* pour exprimer que ce mot vient de la langue latine.

F

FABLE. s. conversation, dialogue d'animaux, s. figuratif ; 2e sens, s. chose divulguée, s. fausse ; 3e sens, s. parler de quelqu'un, s. tout le monde le tourner en ridicule.

FABRIQUE. s. maison, s. ouvriers beaucoup, s. faire étoffe bas, etc., et montrer des compartiments où sont arrangées les pièces ; 2e sens, s. argent pour l'entretien et la décoration de l'église.

FAÇADE. s. grand bâtiment ou maison longue, s. étendre les mains pour en montrer la partie extérieure.

FACE. s. faire passer la main tout autour du visage.

FACÉTIE. s. actions ou paroles pour faire rire.

FACHER (SE). Être en colère les poings sur les rognons avec un air fâché ; 2e sens, toucher le cœur de l'index avec un air de peine, s. peine.

FACILE. s. difficile en se croisant les index sur le front en se mordant les lèvres, s. pas, ensuite parcourir légèrement avec le pouce tous les autres doigts en y ajoutant l'air du visage qui annonce que la chose est aisée.

FACILITÉ. s. faire, s. difficile pas, s. facile.

FACTEUR. s. tenir dans ses mains un gros paquet de lettres, s. les distribuer dans les maisons en regardant les adresses.

FACTION. s. parler à l'oreille de plusieurs avec activité en machinant secrètement, se liguer pour troubler le public.

FACULTÉ. 1er sens, s. puissance intérieure de ; 2e sens, s. biens, argent ; 3e sens, assemblage de docteurs.

FADAISE. s. paroles goût pas, s. avec les lèvres et les mains un s. de peu de cas.

FADE. s. sel pas, ne pique pas la langue, s. marcher avec un air de dégoût.

Fagot. s. assemblage de menu bois.
Faïence. s. plats de terre, s. vernis par-dessus.
Faillibilité. s. puissance de tomber dans l'erreur.
Faillir. s. promener sa main comme sur une table et on fait remarquer qu'au bout de la table elle tombe.
Faim. s. passer souvent les deux mains le long de l'estomac avec un signe de manger et l'air d'un homme qui a grand faim.
Fainéant. s. faire rien, bras croisés, air lâche.
Faire. s. agiter ensemble les doigts des deux mains en les fermant.
Faire faire. s. on prend les mains de quelqu'un et on lui fait faire ce que l'on faisait soi-même.
Faisceau. s. assemblage de verges ou d'herbes attachées avec des cordes.
Faitage. s. le toit et la couverture d'une maison.
Faix. s. gros fardeau sur les épaules, plier les jambes sous le poids.
Falloir. 1er sens, frapper sur la table du tranchant de la main droite en observant de former l'*f man.*; 2e manque; 3e répété le 1er s. en remuant la tête d'un air décidé.
Falot. s. lanterne en haut d'un long bâton.
Falsification. s. faire, s. faux en se croisant les index sur la bouche, et pour exemple on gratte un papier écrit et on y substitue un autre mot.
Falsifier. s. même, s. mensonge introduit dans l'esprit.
Famélique. s. faim grande, grande, s. dévorer la nourriture des yeux.
Fameux. s. de parler de quelqu'un ici chez les voi-

sins, chez les étrangers, ce mot se prend en bonne et mauvaise part, ainsi on dit un *fameux voleur*.

FAMILIARITÉ. s. accès facile auprès de quelqu'un, lui parler d'un air aisé, gêne pas.

FAMILLE. s. assemblage de parents en faisant le s. de naître à droite et à gauche à différents degrés.

FAMINE. s. faim, s. tous, tous, tous, tout le pays.

FANAL. s. haute tour, s. grande lanterne allumée pour diriger les vaisseaux.

FANATIQUE. s. Dieu m'a parlé, m'a inspiré, s. contorsions et gestes d'un illuminé.

FANÉ. s. fleurs, tige penchée, s. éclat plus.

FANFARE. s. trompettes, fibres, tambours, réjouissance.

FANFARON. s. moi courageux, grande naissance, moi bien riche, un air de vanité, s. rien.

FANGE. s. chemin, boue, enfoncer jusqu'à mi-jambe et montrer de gros talons de boue.

FANTAISIE. s. imagination, s. moi veux telle chose, moi veux telle autre.

FANTASQUE. s. homme entêté, s. penser différemment des autres croyant mieux faire hors de saison.

FANTASSIN. s. soldat à pied.

FANTÔME. s. air troublé et épouvanté, s. je vois un monstre, s. calmez-vous, il n'y a rien, si je le vois en tremblant et puis s. d'imagination.

FAQUIN. s. homme vil, bien habillé, air de hauteur.

FARCE. 1er sens, hachis qu'on met dans le corps d'une volaille ; 2e sens, charlatan avec des baladins, des pierrots, des polichinelles, s. faire rire le peuple la bouche béante.

FARD. s. dame mettre du rouge sur les joues.

FARDEAU. s. charge bien lourde sur les épaules.

FARINE. s. grains de blé écrasés moulus, s. poussière blanche qu'on détrempe.

FAROUCHE. s. caractère peu sociable avec les autres, air défiant, renfrogné, s'épouvantant de rien et prendre la fuite.

FASCINATION. s. regarder de tous ses yeux, je ne vois pas, y porter la main, il y a quelque chose qui m'en empêche, regarder encore, je ne vois pas.

FASTE. s. affectation de vanité et d'éclat, nombreux attirail aux yeux des hommes.

FASTES. s. calendriers, livres où l'on écrit tout ce qui s'est passé de grand, de mémorable dans la nation.

FASTIDIEUX. s. parler toujours, toujours, s. faire bâiller les autres.

FAT. s. parler et décider à tort et à travers d'un ton libre et assuré avec un air de vanité et d'admiration, manières ridicules.

FATAL. s. tout à coup, s. malheur.

FATIGUER. s. marcher beaucoup, s. fatiguer ; 2e sens, étudier beaucoup, s. mal à la tête.

FAUBOURG. s. 1° décrire un cercle pour montrer la ville où se trouvent des rues et des maisons, 2° avancer les mains devant la ville et on montre pareillement des rues et maisons.

FAUCHER. s. nat.

FAVEUR. s. aimer quelqu'un plus qu'un autre, lui donner des marques de bienveillance, lui faire un présent.

FAUTE. s. *mea culpa* en se frappant la poitrine.

Fauteuil. s. chaise avec des bras.

Faux. s. vérité qui sort de la bouche de travers, s. se croiser les index sur la bouche en les agitant.

Fébrifuge. s. porter le pouce à l'endroit du pouls, agiter en faisant *tic toc*, s. prendre remèdes, s. chasser.

Fécond. s. production abondante, s. *nature* pour le distinguer de fertile qui tient plus de l'art et de la culture.

Fée. s. femme, vieille, s. dire la bonne aventure.

Félicité. s. esprit, s. cœur et se frotter les mains, *f. man.*

Femelle. s. animal et le s. de féminin.

Femme. s. les deux mains l'une sur l'autre, et s. de la bague au doigt annulaire.

Fendre. s. on fait entrer avec force le tranchant de la main droite entre les doigts de la main gauche qui s'écartent aussitôt pour peindre l'action.

Fer. s. dur frapper dessus et limer.

Ferie. s. jour fête pas, s. travailler.

Ferme. s. remuer une table, peux pas, s. appuyer fortement les deux mains pour montrer la stabilité, s'il s'agit d'un homme au figuré on fait le s. esprit.

Ferme propos. s. ferme, s. posé pour.

Fermer. s. nat.

Féroce. s. bêtes dans les bois comme les lions, les tigres, s. air cruel et farouche.

Fertile. s. abondante production, mais en cultivant, en arrosant, etc.

Ferveur. s. feu dans le cœur, s. agir avec empressement.

FESTON. s. branches d'arbres garnies de feuilles, mêlées de fleurs et disposées en figure par zig-zag.

FÊTE. s. beaucoup de cierges à l'autel, jouer de l'orgue, beaux ornements, travail, péché ; 2° sens, présenter un bouquet à quelqu'un avec un air de compliment, s. réjouissance.

FEU. s. souffler, s. rouge y porter le doigt et l'en retirer en l'agitant, s. *brûle*.

FEU (MORT). s. mort, *f man*.

FEUILLAGES. s. branches avec leurs feuilles.

FEUILLE. s. montrer les feuilles des branches d'un arbre ou bien feuillets d'un livre.

FEUILLETER. s. nat.

FÉVRIER. Second mois de l'année.

FIANÇAILLES, s. prêtre qui bénit les deux époux, s. promettre mariage, s. pour demain.

FIBRE. s. montrer sur la paume de la main des petits filets longs et menus.

FIDÈLE. s. baptisé qui croit ; 2e sens, s. promettre oui je ferai et faire affectivement ; 3e sens, avoir quelque chose à garder en dépôt, ne pas y toucher.

FIEL. s. montrer en l'air une petite vésicule, s. liqueur jaune, cracher en faisant la grimace au figuré, s. cœur aversion pour quelqu'un.

FIER. s. regarder les autres par-dessus l'épaule en remuant les lèvres avec un air dédaigneux.

FIER (SE). s. s'appuyer, s. bon.

FIÈVRE. s. tâter le pouls tic-tac.

FIGURER. s. représenter par des figures, se passer la main sur la figure, s. écrire dans le dedans de la main et la présenter ; 2e sens, annoncer par représentation des choses futures, même s. index au front, s. futur.

Fɪʟᴇ. s. suite de choses ou de personnes disposées en long l'un après l'autre.

Fɪʟᴇᴛ. s. fil entrelacé, on fait les mailles avec les doigts on les tend, s. prendre poissons, oiseaux.

Fɪʟʟᴇ. s. *f man.*, qu'on retire directement de devant l'estomac, s. féminin.

Fɪʟʟᴇᴜʟ. s. enfant tenu entre les bras, s. prêtre baptiser.

Fɪʟᴏᴜ. s. regarder de côté et d'autre crainte d'être surpris, s. prendre avec subtilité en escamotant.

Fɪʟs. Même s. radical que pour fille, s. masculin.

Fɪɴ. 1er sens, avancer devant soi la main droite à une certaine distance et la descendre perpendiculairement en frappant la table du tranchant ; 2e sens, s. esprit remuer ensemble le pouce et l'index et mordre les lèvres en regardant la personne en souriant et lui faisant entendre par un mouvement de tête qu'elle est rusée.

Fɪɴᴀɴᴄᴇ. s. argent public du roi.

Fɪɴɪʀ. s. faire, s. arrêter en frappant du tranchant de la main sur la table.

Fɪʀᴍᴀᴍᴇɴᴛ. s. haut des cieux, où sont les étoiles.

Fɪsᴄ. s. grand sac, mettre de l'argent pour le roi.

Fɪxᴇʀ. s. regarder fixement.

Fʟᴀɢᴇʟʟᴀᴛɪᴏɴ. s. Notre-Seigneur J.-C. s. frapper à grands coups de fouet, s. sang couler de tous côtés.

Fʟᴀɢʀᴀɴᴛ. s. faisant l'action, être surpris.

Fʟᴀɪʀᴇʀ. s. nat.

Flambeau. s. prendre le poignet à pleines mains depuis l'avant-bras, grosse mèche au bout, allumer; 2e sens, s. chandelier un peu haut.

Flamme. s. les doigts dirigés en haut et agiter pour exprimer la flamme.

Flanc. s. côté, *f man.*

Flatter. 1er sens, petite tape à la joue sur un enfant ; 2e sens. donner des louanges qu'on ne mérite pas.

Fléau. Instrument pour battre le blé, s. nat., 2e sens, grand malheur envoyé de Dieu, la guerre, la peste et la famine sont des fléaux.

Fléchir. 1er, tenir dans ses mains une baguette pliante qu'on courbe peu à peu, 2e, fléchir Dieu, s. Dieu irrité, s. prier, s. plier à l'endroit du cœur et s. pardon, 3e, fléchir le genou, s. nat.

Flétrir. s. fleur qui se tient droite et qu'on flaire avec plaisir, s. un jour ou deux elle penche et tombe.

Fleur. s. faire sentir la main droite entre les doigts de la gauche, s. flairer et mettre devant soi.

Fleuret. s. épée, bouton au bout et faire des armes, 2e, petit ruban de soie.

Fleurir. s. croître, s. épanouir, s. flairer.

Fleuve. s. assemblage de plusieurs rivières qui se joignent et coulent ensemble et puis qui vont se jeter dans la mer.

Flot. s. mer, s. grand vent, s. eau, s. élever en s'enflant.

Flotte. s. plusieurs vaisseaux qui voguent ensemble, pleines voiles.

FLUIDE. s. eau dans un vase disposé à couler et mouvoir de côté et d'autre.

FLUX. s. mer qui porte ses ondes sur le rivage et se retire.

FOI. Oui de l'esprit, oui de la bouche, oui du cœur, les yeux ne voient pas, substantif.

FOIBLE. s. on montre d'abord les deux poings fermés et en les agitant fortement on fait remarquer les muscles et les veines qui enflent, on le fait ensuite plus foiblement et toujours en diminuant.

FOIN. s. herbe fauchée et sèche, vache, chevaux, manger.

FOIRE. s, place, boutiques dressées de tous côtés, étendre des marchandises, vendre, acheter.

FOIS. s. avec l'index tracer une ligne dans la paume de la main gauche perpendiculairement.

FOLATRE. s. jeune homme badin qui sautille d'un air riant.

FOLIE. s. remuer les mains et les doigts devant le visage avec des yeux égarés et des grimaces qui annoncent que la tête n'y est plus.

FONCTION. s. action de faire, s. devoir.

FONDER. s. mettre les deux mains en cette direction II ensuite d'une main creuser la terre et la jeter dehors, puis poser les pierres l'une sur l'autre.

FONTAINE. s. eau qui sort de la terre en sautillant. s. mettre un sceau sous le robinet et l'ouvrir.

FONTS. s. grand vaisseau de pierre au bas de l'église, s. baptiser les enfants.

FOR EXTÉRIEUR. s. tribunal, siège élevé, juger.

For intérieur. s. jugement de la conscience.

Forain. s. qui est au dehors.

Forçat. s. homme chaînes aux pieds, s. remuer.

Force, s. agiter doucement les deux bras, les poings fermés comme un homme vigoureux et montrer avec l'index les nerfs du poignet tendus.

Forcer. Même s., ajouter le s. prendre quelqu'un par le bras et lui faire violence.

Forêt. s. terrain vaste, s. arbres de tous côtés.

Forfait. s. cœur corrompu, s. péché grand, grand et élever la main comme pour extrême avec un air d'indignation.

Forge. s. grand fourneau, gros soufflet à côté, y mettre dans le feu, du fer à rougir, s. battre sur l'enclume.

Formation. s. manière de former.

Former. s. de la main droite se frapper à différents endroits le dessus de la main gauche comme si on voulait donner une forme à l'argile.

Formule. s. forme petite, s. de.

Forteresse. s. fort, place élevée garnie de remparts, environnée de canons.

Fortifier. s. faire fort.

Fortune. s. de l'index et du pouce frapper sur la table, argent beaucoup, se carrer en montrant ses maisons, ses terres en frottant les mains, *f man.*

Fosse. s. un trou de 5 ou 6 pieds, s. enterrer un homme.

Foudre. s. feu en l'air en zig-zag, tomber tout à coup.

Fougue. s. impétuosité, agitation bouillante comme, si on voulait fuir.

FOULER. 1er sens, s. nat., de fouler les raisins avec les pieds ; 2e sens, montrer avec les coudes qu'on est foulé et écarter le monde tant que l'on peut.

FOUR. s. lieu en demi-cercle, s. cuire le pain.

FOURCHETTE. s. nat.

FOURNAISE. Lieu creux en forme de four, s. feu ardent.

FOURRAGE. s. herbe, paille, foin, les animaux manger.

FOURNIR. s. donner nourriture, habillement, etc., *f man.*

FOYER. s. nat.

FRACASSER. s. rompre en beaucoup comme une assiette qu'on laisserait tomber de fort haut, et on montre les morceaux épars, ça et là.

FRACTION. s. action de rompre.

FRAGILE. tentation du cœur et de ses penchants, s. consentir ; 2e sens, s. aisé à rompre, comme un verre.

FRAIS. s. *suer* passer la main sur le front et la montrer. 2° avec la main faire une espère d'éventail et témoigner des soulagements pour ce rafraîchissement ; 2e sens, s. dépenser, donner de l'argent.

FRANCHISE. s. parler comme la pensée, dissimulation pas.

FRANCE. s. pays, description d'un terrain, s. vois ici en présentant les deux mains comme pour le présent.

FRANGE. s. étole, tissu de filets suspendus à l'extrémité.

FRAUDE. s. tromper en cachette.

Frapper. s. nat.

Frein. s. mors dans la bouche, le ronger comme font les chevaux.

Frêle. s. chose mal liée, s. aisée à rompre ainsi, la différence de fragile se trouve en ce que le terme fragile emporte la faiblesse du tout et la raideur des parties, et frêle également la faiblesse du tout, mais la mollesse des parties ainsi la tige d'une plante est frêle, la branche de l'osier est frêle, le verre est fragile.

Frémir. s. trembler intérieurement, s. claquer des dents.

Frénésie. s. fièvre ardente, esprit plus, rêver toujours.

Fréquent. s. qui se fait souvent.

Frère. s. naître du côté droit, s. même masculin.

Friandise. s. toucher les mets de différents plats de l'extrémité du doigt, le porter ensuite à la bouche, le tourner et retourner en tous sens pour le sucer d'un air de sensualité.

Fricasser. s. nat.

Friche. s. terre cultivée pas, ronces et épines partout.

Frileux. s. petit vent, trembloter de froid.

Fripier. s. vendre vieux habits, vieux meubles.

Fripon. s. tromper, s. prendre plus.

Friser (se) s. nat.

Frivole. s. chose de rien, mérite.

Froid. s. souffler bien fort dans ses doigts et se cacher les deux mains sous son habit en tremblant.

Fromage, lait, mettre sur le feu et cailler, s. presser pour le dessécher, s. couper avec un couteau.

FROMENT. s. blé, s. meilleur, s. farine blanche.

FRONCER. s. nat.

FRONT. s. nat.

FRONTISPICE. s. face de bâtiment et se présenter.

FROTTER. s nat.

FRUCTIFIER. s. faire, s. fruit.

FRUIT. s. porter la main aux arbres comme pour en arracher une pomme et la diriger vers la bouche.

FUIR. s. s'en aller promptement.

FUMER. s. agiter les deux mains pour signifier vapeur sortant de la cheminée, s. vois pas, s. mal aux yeux en les frottant; 2e sens, s. tenir une pipe et faire le s. nat.

FUNÈBRE. Même s. que funérailles, adj.

FUNÉRAILLES. s. cérémonie, cortège de mort, *f man.* subt.

FUNESTE. s. cause, s. grand malheur.

FUREUR. s. transport violent de colère et de rage en écumant, les yeux hors de la tête.

FUTILE. s. raisonnement parole, s. vaut rien, avec un air d'en faire peu de cas.

FUTUR. s. avancer devant soi directement la main droite.

FUYARD. s. courir à toutes jambes, regarder par intervalle derrière soi, substantif, homme.

G.

GAI. s. air de bonne humeur et rire de tout son cœur.

GAGNER L'INDULGENCE. s. obtenir, s. pardon.

GAILLARD. Même s. radical, mais le mot de gaillard

on ajoute l'idée de bouffonnerie ou de licence, dans la chose, ainsi on dira pour un discours licencieux, un propos gaillard, il faut donc au premier signe joindre un mouvement de tête qui annonce que le compère dont il s'agit entend trop bien la partie et que ses discours sont trop libres.

Galant. Avant le substantif un galant homme, s. manières honnêtes, civiles, homme agréable et qui fait plaisir, après le substantif : *un homme galant*, s. manières recherchées, affectées de plaire, air de petit maître, et on y joint un s. d'improbation.

Galère. s. assemblage de forçats les chaînes aux pieds.

Galerie. s. maison, s. vers les côtés, lieu couvert et étendu, s. se promener.

Galeux s. nat., qui a la gale se gratte.

Galimatias. s. discours, paroles les unes sur les autres tout pêle mêle, s. on y comprend rien.

Galon. s. nat.

Gant. s. nat., de passer la main dans un gant, et pour l'ajuster on fait passer entre les doigts, le tranchant de la main.

Garantir. s. courir, se mettre à couvert, s. élever mains comme représenter un abri sous lequel on se cache pour éviter d'être blessé par quelque chose qui tombe, ou bien, s. pluie, s. pas sur moi, s. je suis à couvert.

Garçon. s. homme marié point.

Garder. Dans le sens d'accomplir, s. d'un berger qui tient sa houlette et qui regarde de côté et d'autre; *g man.*, s. faire tout, s. fin; 2° garder pour soi, la main gauche sur la poitrine. 3° on ajoute le s. sentinelle avec son fusil qui écarte ceux qui voudraient prendre.

Gardien. s. radical *garder*, supérieur de cordeliers ou de capucins.

Gargote. s. assemblage d'ouvriers des rues, manger, s. maison avec enseigne.

Garnison. s. assemblage de soldats dans une ville, boire, manger, dormir pendant un, 2, 3 ans, etc.

Gateau. s. pâte pétrie disposée en rond sucre dessus.

Gater. s. viande gardée longtemps, s. sentir mauvais; 2° tacher son habit, en montrer les taches.

Gaucher. s. nat. qui se sert de la main gauche.

Gazette. s. petite feuille, les armes du roi à la tête, s. nouvelles publiques.

Gazon. s. herbe verte et courte, s. s'asseoir dessus à l'ombre.

Géant. s. homme grand, grand, grand qu'on ne peut atteindre.

Geler. s. eau, s. froid, mettre les deux mains près l'une de l'autre pour montrer une légère glace qui se rompt aisément. — *Glacer*, s. froid beaucoup, s. eau pas, et montrer avec les deux mains que la glace est fort épaisse.

Gemir. s. soupirer très fortement, s. de malheur en joignant les deux mains.

Gencive. s. nat.

Gendre. s. lui a épousé ma fille.

Généalogie. s. bisaïeul, aïeul, père, frère, sœur, fils, fille, cousin, cousine.

GÊNER. s. nat. montrer des souliers trop étroits, ou un corps de baleine qui gêne beaucoup, 2e serrer contre soi les coudes et regarder de côté et d'autre à droite et à gauche avec un air embarrassé.

GÉNÉRAL (pour tout). s. *g man.* en faisant un demi-cercle.

GÉNÉRAL D'ARMÉE. s. général, s. assemblage de soldats, s. 1e s. commander.

GÉNÉRATION. le s. général de naître substantif.

GÉNÉROSITÉ. s. grandeur d'une, s. donner à pleines mains.

GENÈSE. s. 1er livre de Moïse.

GÉNIE. s. esprit actif, s. force d'imagination.

GENOU. s. nat.

GENRE. s. homme et femme, *sexe* même s., puis s. séparer; 2e sens *genre humain*, s. tout, tout, tout le monde.

GENS. s. montrer des personnes, *g. manuel.*

GENTIL. s. juif point, vrai Dieu pas (c'est ainsi que les juifs appelaient tous ceux qui n'étaient pas de leur religion); 2e sens, air doucereux, figure mignonne, *g man.*

GENTIL-HOMME. s. grande naissance, plumet au chapeau.

GÉNUFLEXION. s. nat.

GÉOGRAPHIE. s. science du globe, s. donner l'explication sur une carte.

GEOLIER. s. prison, s. garde à la porte.

GEOMÈTRIE. s. science de mesurer avec un compas ou une règle.

GERBE. s. assemblage d'épis de blé avec la paille.

Germain (cousin). s. mon père et son père sont frères.

Germer. s. montrer le dernier article du petit doigt par le pouce gauche et puis le traverser à côté vers le milieu, mais il faut avoir soin de montrer aux sourds et muets le germe d'un pois ou d'une fève.

Geste. s. mouvement des mains et de la tête dans la déclamation.

Gibecière. s. grande bourse derrière le dos passée en bandoulière, mettre poudre et plomb pour la chasse.

Gibier. s. lièvre, bécassine, etc., s. tirer dessus et mettre dans la gibecière.

Girandole. s. chandelier de cristal à plusieurs branches.

Girouette. s. maison, s. au-dessus une petite plaque, tourner avec le vent.

Gît-ci-dit. s. ici est enterré.

Glacer. s. froid beaucoup, s. eau pas, et montrer avec les deux mains que la glace est fort épaisse.

Gladiateur. s. amphithéâtre de spectateurs, s. deux champions sur l'arène se battre l'épée nue.

Glaner. On fait le s. de la récolte et puis quand tout est enlevé, on cherche et on ramasse avec attention les épis épars çà et là.

Glisser. s. nat

Globe. s. boule ronde que l'on tourne, s. peinture des régions de la terre.

Gloire. s. autour de la tête peindre des rayons

comme on représente les saints dans les estampes, et puis un s. de respect.

GLORIFIER. s. faire, s. gloire.

GLORIFIER (SE). se faire gloire et montrer la vanité pour exemple, j'écris mieux que vous ou que les autres, je suis plus savante, etc.

GLOSE. s. poser la main sur une feuille d'un livre pour indiquer le texte, ensuite porter l'index sur un mot, s. expliquer, sur un autre mot, s. expliquer, s. un troisième, s. expliquer.

GLOUTON. s. manger avec avidité, s. engloutir les morceaux.

GLU. s. avec le pouce et l'index en étendre sur des bâtons, et représenter l'oiseau battre de l'aile.

GOITRE. Grosseur à la gorge.

GOLFE. s. étendue de terre, s. entrer dans les terres.

GOND. s. montrer les gonds d'une porte.

GORGE. s. nat.

GOSIER. s. canal par où passe la nourriture.

GOUFFRE. s. trou dans la terre très profond, s. engloutir tout en tournoyant.

GOULU. s. prendre à droite et à gauche, mettre les morceaux les uns sur les autres, en prendre jusqu'à la gorge et fort vite.

GOURMAND. Même s. mais manger moins vite.

GOUSSET, s. petite poche de montre.

GOUT. s. porter l'index aux lèvres en le tournant et retournant ou bien goûter du vin.

GOUTER. Même s. au figuré, s. esprit et cœur.

GOUTTE. s. du bout du doigt laisser tomber de l'eau goutte à goutte ; 2e sens s. douleur aux jointures, s. marcher avec peine.

Dose. s. faire une [illegible]ec[illegible], pour la composer

FINANCE. s. argent public du roi.

Gouvernail. s. pièce de bois à la poupe d'un vaisseau, s. diriger ce vaisseau à droite et à gauche.

Gouverner. s. roi, s. rêne, s. commandement.

Grabat. s. petit lit, rideaux point.

Grace. 1er sens, don de Dieu qui nous aide à faire le bien en nous laissant la liberté et qui nous détourne du mal, s. faire un demi cercle devant la poitrine comme pour se mettre une ceinture et pour expl. on fait la petite scène d'un enfant devant qui on met un jour de jeûne des dragées en lui défendant d'en manger, malgré la défense il avance pour en prendre, alors on lui passe par derrière au tour du corps un mouchoir pour l'en détourner, ayant cependant soin de ne pas le tenir trop serré afin qu'il ait la liberté pleine et entière et qui puisse consentir ou résister.

Grace. 2e sens, s. d'éviter pas, s. supérieur accorder 3e sens, péché pas, s. innocence dans le cœur, ce qui revient à taches dans l'âme pas ; 4e sens, s. mérité d'être pendu, ou bien fouetté, s. on supplie, s. pardon en se frottant les paulmes des mains et les laissant aller devant soi, 5e sens (action de grâce), s. remercier.

Gracieux. s. recevoir ceux qui se présentent pour nous parler avec un air prévenant, joyeux et bonté de cœur.

Gradation. s. élever par degré en élevant alternativement les index l'un sur l'autre.

Grade. s. degré d'honneur dans l'université.

Graduel. s. notes de plain-chant, s. chanter entre l'épître et l'évangile.

GRAINE. s. froisser un épi et en montrer les grains.
GRAINE. s. petits, petits grains, s. semer.
GRAISSE. s. viande molle qui s'attache aux doigts et qui soulève le cœur.
GRAMMAIRE s. manière de parler et d'écrire, s. explication du présent, du parfait, du futur, etc.
GRAND. s. élever la main par gradation à une certaine hauteur.
GRANDIR. Même signe, mais on s'arrête et on élève successivement.
GRANGE. s. lieu, assemblage de gerbes de blé.
GRAPPE. s. raisin dont on arrache successivement les grains pour les manger, et exprimer le contour de la grappe.
GRAS. s. joues bouffies et à pleines mains.
GRATTER. s. nat.
GRATUIT. s. faire pas recevoir d'argent, adj.
GRAVE. s. esprit volage point, s. maintien posé et majestueux; 2e sens, péché grave. s. péché grand.
GRAVER. s. on montre des estampes, des cachets, s. tenir la main gauche ouverte et y faire des traces avec le pouce droit du bas en haut montrant que cela est dur.
GRAVIER. s. rivière, s. sable sur les bords qu'on remue entre les doigts.
GRAVITÉ. s. poids d'un corps vers le centre de la terre.
GRÉ. s. volonté, s. cœur, y consentir avec plaisir.
GREC. s. tracer des caractères biscornus comme les Grecs et tourner les doigts et la bouche en parlant.

Greffe. s. lieu, tracer des rayons et montrer des liasses de papier en grande quantité, s. fermer à clef.

Greffier. s. représenter le juge assis sur son siège, et plus bas sur une chaise le greffier qui écoute attentivement tout ce que dit le juge et qui écrit.

Grêler. s. toucher l'extrémité du doigt annulaire avec l'index et montrer du blanc, s. vent qui pousse les petits grains, s. tic-tac, contre les vitres.

Grelot, s. collier au cou d'un petit chien, s. représenter les grelots attachés, et porter l'index à l'oreille.

Grenadier. s. soldat grand, moustaches, bonnet élevé sur la tête.

Grenier. s. 4e ou 5e étage, s. montrer la charpente, s. avec une corde ou une poulie, y faire monter du foin, des sacs de blé, etc.

Grève. s. mer avancée jusqu'ici, et un peu plus loin faire remarquer le sable et des petits cailloux.

Grief. s. tort, ou s. plainte, *g. man.*, il se prend aussi pour grand, un péché grief.

Griffe. s. coup de patte d'un chat.

Gril. s. nat.

Grille. s. religieuse au parloir, et avec les deux mains les doigts croisés représenter une grille.

Grimace. s. nat.

Grincer. s. nat. de grincer les dents.

Gris. On montre la couleur, s. peau d'âne.

Grison. s. cheveux un peu blancs.

GRIVOIS. s. air éveillé, aimer à se divertir.

GROS. s. vouloir embrasser le contour d'un arbre, s. étendre largement les bras.

GROSSIER. s. ventre qui grossit.

GROTTE. s. avec les mains décrire une voûte un peu profonde, s. coquillage et gazon arrangé avec art, s. sièges pour s'asseoir.

GROUPE s. plusieurs figures jointes ensemble.

GUÉ. s. rivière basse, s. la traverser sans bateau.

GUENILLE. s. habit déchiré et tombant par lambeaux.

GUÈRE. s. peu, en portant le pouce sur l'extrémité du doigt annulaire et l'exprimant de l'air du visage.

GUÉRIR. s. malade, s. appliquer plusieurs fois un emplâtre sur une plaie ensuite passer rapidement la main sur cette plaie avec le s. plus rien.

GUÉRITE. s. petite loge, s. sentinelle renfermée dans son manteau.

GUERRE. s. armées rangées en bataille des deux côtés, s. pan, pan, du fusil et du canon, s. mort à droite et à gauche.

GUET. s. soldats qui espionnent et font la patrouille, s. querelles et batailles dans les rues, s. mettre en prison.

GUEULE. s. ouverture de la tête d'un animal où sont ses dents et sa langue, la gueule d'un chien, d'un chat, mais on dit la bouche d'un homme.

GUEUX. s demander aux portes des églises, de maison en maison en cherchant ses puces et faisant le tour d'hôpital.

GUICHET. s. petite fenêtre où il y a une grille comme dans les confessionnaux.

Guider. s. conduire un aveugle.

Guillemets. s. ».

Guillochis. s. traits, filets, entrelacer les uns dans les autres comme sur une montre, une tabatière.

Guimpe. s. toile fine qui descend sur la poitrine d'une religieuse, s. aller au gré des vents.

Guinguette. s. hors de la ville, s. cabaret où l'on boit, l'on joue et l'on danse.

Guirlande. s. couronne de fleurs, de lauriers.

Guise. s. façon de faire.

H

Habile. s. science beaucoup, s. faire vite.

Habiller. s. nat.

Habiter. s. maison, manger, dormir, puis s. du présent, *h. man.*

Habituer. s. faire souvent, s. facile, pour habitude habituer, 1er sens, dans un endroit, s. triste, ennuyer, bailler, puis un air plus gai, 2e sens, s. accoutumer à faire quelque chose, s. faire, s. facile.

Hagard. s. les yeux et le visage menaçants et égarés.

Haie. s. jardin entouré d'une muraille d'épine.

Haïr. s. aimer pas avec s. naturel d'aversion.

Haillons. s. vieux habits, pièces ajustées de tous côtés.

Halle. s. place vendre du blé, choux, poissons, etc.

Hallebarde. s. bâton long de 5 pieds, fer plat et

pointu au bout, frapper sur la terre comme font les suisses, place, place.

Haleine. s. nat. d'aspirer l'air.

Halte. s. soldats qui marchent, s. tout-à-coup *halte-là*, s. se séparer et mettre les fusils à terre.

Hameau. s. campagne, s. maisons 8 ou 10 écartées un peu les unes des autres.

Hameçon. s. ligne de pêche, s. petit crochet au bout pour prendre des poissons.

Harangue. s. discours publics, vif, touchant pour émouvoir le cœur.

Hardes. s. assemblage d'habits, corps, jupes, bas, chemises, etc.

Hardi. s. crainte pas, s. avancer et braver quelqu'un.

Harengère. s. femme qui vend du poisson, quereller, dire des injures comme les poissardes des halles.

Hargneux. s. chercher querelle à tout moment, tantôt à l'un tantôt à l'autre.

Harmonieux. s. différents instruments qui vont d'accord avec mesure et cadence, s. porter l'index à l'oreille et montrer par l'air du visage que ses sons flattent et plaisent.

Harnais. s. équipage d'un cheval, selle, sangle, bride, etc.

Hasard. s. jouer au dé, air dubitatif, s. peu gagner ou perdre.

Hasarder. s. pierre, tuile, ardoise, tomber, douter, s. ba, prendre son parti et passer.

Hater. s. dès le commencement de la route aller

vite, c'est-à-dire, rouler les mains avec précipitation.

HAUSSECOL. s. plaque que les officiers portent sous le menton.

HAUSSER. s. élever en haut, *h. man.*, 2° sens, hausser les épaules.

HAUT. s. élever la main fort haut, *h. man.*

HAUTAIN. Même s. radical, et y ajouter celui de fier et d'orgueilleux.

HEBDOMADAIRE. s. prêtre, chanter l'office toute la semaine.

HÉBREU. s. langage des juifs.

HÉLAS. s. nat. interjonction de plainte et de douleur.

HÉMI. s. moitié, demi.

HÉMISPHÈRE. s. moitié du globe, et on la montre sur une carte.

HÉMORROÏDES. s. femme qui perdait son sang.

HÉRAUT. s. au son de la trompette montrer un cheval, papier à la main, s. publier la guerre, la paix.

HERBE. s. sortir de la terre pas bien haut, vache qui broute.

HÉRÉTIQUE. s. croire pas ce que l'église a jugé, s. soutenir le contraire avec opiniâtreté, et pour l'exp. on va trouver quelqu'un et on l'interroge, croyez-vous en J.-C., oui, croyez-vous qu'il est présent dans l'eucharistie, oui, qu'il faut confesser ses péchés, oui, croyez-vous la résurrection des corps après la mort, *non*, alors on le chasse hors de l'église, je ne veux pas prier avec vous, on lui fait les mêmes demandes, et il répond *oui* à tout, on l'admet à prier avec les autres ; *schismatique*, on donne la même explic. excepté qu'on montre qu'il se sépare des autres et qu'il n'admet pas le pape comme chef de l'église.

Hérissé. s. les cheveux dressés sur la tête et mal arrangés.

Héros. s. guerrier intrépide, vaillant dans les combats, s. action digne de louanges.

Hésiter. s. douter si on fera quelque chose, s. *h. man.*

Hétérodoxe. s. foi contraire à celle de l'église.

Heure. s. montrer les heures d'un cadran, et le marteau qui frappe sur le timbre, s. qui s'écoule.

Heures. Livre de prières.

Heureux. s. se frotter les mains d'un air satisfait, *h. man.*

Hideux. s. figure qui fait peur.

Hydropique. s. ventre enflé, gros, gros, s. plein d'eau.

Hier. s. poser son oreille droite penchée sur la main pour signifier le sommeil et ensuite on fait le s. passé *avant-hier*. s. avant, s. hier.

Hiérarchie. s. ordre des neuf chœurs des anges élever les uns plus que les autres, 2° sens, gouvernement de l'église, 1° le pape, les archevêques, les évêques, les curés et les prêtres.

Hymne. s. chant à l'honneur de Dieu ou des saints.

Hyperbole. s. dire trop, trop, et de l'air du visage annoncer par un sourire qu'on exagère, par exemple, cet homme est haut comme une tour.

Hypocondre. s. homme toujours rêveur et triste, mine allongée.

HYPOCRISIE. s. devant quelqu'un avoir l'air sage et pieux, et quand il a le dos tourné, tirer la langue et prendre ses ébats.

HYPOTHÈQUE s. droit sur cette maison sur cette terre, s. argent donné au propriétaire.

HYPOTHÈSE. s. supposition, exemple, ce soir supposé que vous avez bien travaillé je vous donnerai un livre, ou une image.

HISTOIRE. s. livre, écrire chose passée.

HIVER. Temps froid, présenter les mains devant la cheminée, glisser sur la glace comme font les écoliers.

HOLOCAUSTE. s. tuer, bé, bé, s. brûler, reste rien, s. offrir à Dieu.

HOMÉLIE. s. lire l'évangile au peuple, monter en chaire, s. explication d'un air aisé et familier.

HOMICIDE. s. tuer un homme.

HOMMAGE. s. honneur à la personne, s'abaisser soi-même et puis un pas en arrière, pour distinguer d'honneur.

HOMME. s. porter la main au chapeau.

HOMOGÈNE. s. de même nature.

HOMOLOGATION. s. faire un contrat avec un autre, s. présenter au juge, il dit *oui*, l'inscrire sur les registres.

HONNÊTE. Même s. qu'honneur, mais on met les deux mains devant la poitrine pour marquer la modestie.

HONNEUR. s. de respect pour quelqu'un, *h. man.*

HONORAIRES. s. prêtre, vous direz la messe pour moi, lui donner le salaire.

HONORER. s. respect, *h. man.* en élevant la main et s'inclinant un peu pour exprimer la vénération.

HONTE. s. se passer les mains sur la joue pour indiquer le rouge, s. couvrir des deux mains le visage comme n'osant paraître et se retirer avec un air penaud.

HÔPITAL. s. maison, assemblage de pauvres.

HOQUET. s. nat.

HORIZON. s. grand cercle qui coupe la sphère en deux parties, 2° sens, s. extrémité du cercle du monde qui termine notre vue de tous côtés.

HORLOGE. s. cadran, sonner les heures, il faut en montrer une.

HORMIS. s. préposition, s. hors, excepté.

HORRIBLE. s. nat. en se détournant, on ferme les yeux et on ferme les oreilles.

HORS DE. s. d'exclure quelqu'un, *h. man.*

HOSPICE. s. maison, s. recevoir les étrangers.

HOSTIE. s. décrire une hostie comme le pain pour la messe, s. offrir à Dieu.

HOSTILITÉ. s. action d'ennemi, faire des dégâts sur les terres.

HÔTE. s. étranger qui arrive, recevoir, donner à manger, lit.

HÔTEL. s. maison de grand seigneur.

HÔTELLERIE. s. maison, arriver à cheval, manger, dormir, argent comptant.

HOULETTE. s. bâton de berger qui a un fer par en haut taillé en demi cylindre.

HOUPPE. s. nat. touffe de soie sur les bonnets carrés ou pour se poudrer.

HUGUENOT. s. hérétique croit pas J.-C. présent dans l'eucharistie.

HUILE. s. pomme d'olive, presser et du jus en mettre sur la salade, s. gras entre les doigts.

HUISSIER. s. robe et rabat, s. à l'audience frapper sur la baguette en disant paix là.

HUMANITÉ. s. homme, adj. subt., s. cœur tendre et compatissant en voyant quelqu'un souffrir, ah le pauvre malheureux !

HUMEUR. s eau qui coule dans le corps rend malade, 2° sens, s. disposition d'esprit, il n'est pas d'humeur à se laisser gouverner.

HUMIDE. Toucher de la main la muraille, regarder ses doigts y montrer l'eau, et s'essuyer.

S'HUMILIER. s. abaissement de cœur.

HUMILIER QUELQU'UN. s. abaissement, s. honte.

HURE. s. tête de sanglier, et montrer les défenses.

I

ICELUI. s. adjectif relatif.

ICI. s. représenter en faisant un cercle les mains devant soi.

IDÉE. s. représenter dans l'esprit, regarder la chose, fermer les yeux, vois pas, s. à, puis porter l'index droit à l'extrémité de l'index gauche qui est appuyé sur le front, s. vois par l'esprit en faisant descendre l'index droit un peu recourbé derrière l'index gauche comme si on le faisait descendre dans l'esprit.

IDIOME. s. langage de chaque pays.

IDIOT. s. peu d'esprit.

IDOLATRE. s. encenser, adorer les idoles, tout ce qui n'est pas Dieu, *païen*, qui ne connaît pas le vrai Dieu, *gentil*, s. juif point.

Ignominie. s. grand déshonneur, grande honte.

Ignorer. s. savoir pas.

Illégal. s. contre la loi.

Illicite. s. permis pas.

Illimité. s. pouvoir, s. borne pas.

Illusion. s. sens, s. tromper.

Il. On regarde la paume de la main avec l'air naturel de dire il semble.

Image. s. représentation en estampe. —*Portrait*, s. peindre ressemblance.

Imaginer. s. appliquer sur le front le revers de la main gauche et y écrire ou y peindre, et montrer que cela passe intérieurement dans l'esprit.

Imbécile. s. air niais, s. esprit pas.

Imiter. s. faire comme, en second.

Immaculé. s. péché dans l'âme pas, s. jamais.

Immatériel. s. toucher, longueur, largeur, étendue pas.

Immédiat. s. tout de suite après un autre pas.

Immédiatement. s. entre, s. pas, s. adj. adv.

Immense. s. mesurer pas, partout.

Imminent. s. qui avance, près de tomber sur.

Immobile. s. qui ne peut se remuer, adj.

Immodéré. s. fougueux, violent, vouloir l'arrêter, s. pas, et rompre les entraves.

Immoler. s. couper la gorge, non pas oblation, mais sacrifice.

Immonde. s. livrer au péché, s. de débrailler sa poitrine, s. d'horreur.

Immortel. s. peut pas mourir.

Immortifié. s. cœur mort pas, aimer les fricots, les bonnes odeurs.

IMMUABLE. Qui ne change point.
IMMUNITÉ. s. les autres obligés, vous exempté.
IMPARFAIT. 1er sens, le second temps d'un verbe ; 2e sens, qui a des défauts, des imperfections, exemple, un livre où il manque quelques feuilles.
IMPARTIAL. s. juste préférer l'un à l'autre pas.
IMPATIENT. s. vif, ne pouvoir rien souffrir.
IMPÉNITENT. s. pleurer ses péchés, s. pas, se frapper la poitrine pas, jeûner, pas, jamais.
IMPERCEPTIBLE. s. ne peut être aperçu quoiqu'on regarde de bien près, pet . prendre une lorgnette.
IMPÉTUEUX. s. rouler les ma les unes sur les autres comme un fleuve et ave impétuosité, et rapidité.
IMPLORER. s. demander, s. joindre les mains, les yeux levés vers le ciel, puis, s. larmes, et répéter cela plusieurs fois avec instance.
IMPOLI. Entrer dans une chambre hapeau sur la tête sans saluer personne.
IMPORTANT. s. en, s. porter au principe, s. bon ou bien précieux.
IMPOSER. s. mettre une chose sur une autre ; 2e sens, imposer les mains comme les évêques ; 3e sens, tromper en se croisant les doigts agités vis-à-vis le front.
IMPÔT. s. telle marchandise payer tant au roi.
IMPRATICABLE. s. chemin passer, peux pas.
IMPRÉVU. s. vu avant, s. négation.
IMPRÉCATION. Souhaiter du mal à soi ou à d'autre.
IMPRIMER. s. prendre des caractères en différentes casses, les ranger en ordre entre le pouce et l'index de la main gauche, puis les renverser sur la

'main avec force et faire remarquer l'impression qu'elles ont faites.

Impropre. s. convient pas.

Imprudence. s. action sans examen, sans réflexion.

Impudent. s. inférieur prendre un ton de hauteur avec son maître.

Inaction. s. agir, s. cesser.

Inadvertance. s. défaut d'attention.

Inaliénable. s. vendre pour toujours, peux pas.

Inamissible. s. perdre peux pas.

Inanition. s. besoin grand de manger, s. forces épuisées, s. tomber de défaillance.

Inattendu. s. paraître, s. attendu pas.

Inauguration. s. cérémonie, s. sacre d'un évêque, d'un roi.

Incarnation. s. prendre, s. chair en se pinçant le dessus de la main, subst.

Incendie. s, feu grand dans toute la maison.

Incertain. s. certain non, s. dubitatif.

Incident. s. nouvelle difficulté qui se présente.

Incision. s. coupure, dans.

Inclination. s. nat.; 2° sens, cœur, esprit pencher, à.

Incombustible. s. brûler peut pas,

Incommoder. s. montrer du malaise, se tourner en tous sens, rabattre ses oreilles.

Incommunicable. s. faire part, *à*, s. peux pas.

Incomparable. s. comparer à un autre, s. négation.

Incompatible. s. eau et feu accorder, peux pas.

Incomplet. s. ouvrage entier pas, s. il manque.

Incompréhensible. s. comprendre peux pas.

INCONCILIABLE. s. subsister avec un autre, peux pas, ex. : la grâce et le péché.

INCONNU. s. connaît, s. pas.

INCONSÉQUENCE. s. principe, qui s'exécute en portant la main à la tête comme pour tourner un robinet après avoir fait le s. *de* ; 1er s. conséquence, ensuite agir contre.

INCONSTANT. s. veux me promener, ensuite veux pas.

INCONTESTABLE. s. contester, nég., s. vrai vrai, nier pas.

INCONVÉNIENT. s. venir avec pas, s. difficile.

INCONVERTIBLE. s. convertir, qui s'ex. : en tournant avec la main doucement son cœur regarder Dieu, s. peux pas.

INCORPORATION. s. recevoir quelqu'un, s. un seul corps.

INCORRIGIBLE. s. corriger, possible nég.

INCORRUPTIBLE. s. corrompre au 1er sens, pousser quelqu'un au mal, au péché ; 2e s. viande, sent mauvais, s. nég.

INCULQUER. s. mettre dans l'esprit une chose fortement.

INCULTE. s. terre labourée pas, ronces et épines.

INCURABLE. s. qui ne peut guérir.

INCURSION. s. ennemi courir çà et là sur les terres.

INDÉCENT. s. honnête pas, contraire.

INDÉFINISSABLE. s. expliquer clairement, peux pas, le s. expliquer s'exprime en tirant des plis avec les deux mains.

INDÉLIBÉRÉ. s. mouvement secret réfléchi pas.

INDEMNITÉ. s. fait tort, s. donner autre chose pas.

INDICE. s. qui annonce, les nuées annoncent la pluie.

INDICIBLE. s. exprimer qui s'exécute en conduisant l'index et le pouce de la main droite joints ensemble, du fond de la poitrine les faire sortir par la bouche, s. peux pas.

INDIFFÉRENT. s. sortir ou ne pas sortir, s. différence, air nat.

INDIGENCE s. pauvreté entière.

INDIGESTION. s. manger, nourriture sur l'estomac, prendre du thé.

INDIGNATION. s. grand crime, s. nat., d'indignation.

INDIGNE. s. digne de *man.*,neg. et reculer.

INDISCRET. s. garder, chut, non dire à tout le monde.

INDISPENSABLE. s. dispense pas, s. obliger de faire.

INDISPOSÉ. s. cœur bien disposé pas, un peu malade, et se trouver tantôt d'un côté tantôt de l'autre.

INDISPOSER. s. fâcher quelqu'un contre soi, (au passif).

INDISSOLUBLE. s. rompre, peux pas.

INDOLENT. s. air paresseux, travaille pas.

INDUIRE. s. porter au mal, au péché.

INDUIRE EN CONSÉQUENCE. s. écrire une préposition, on frappe de l'index sur la première préposition et on le courbe pour le porter précipitamment sur une 2e que l'on exprime en écrivant une seconde ligne.

INDULGENCE. s. remettre pénitence des péchés.

INDUSTRIE. s. adresse pour faire.

INÉFFABLE. s. dire peux pas.

INEFFICACE. s. produire qui s'exprime en faisant sortir doucement de la main gauche les doigts réunis de la main droite, s. faire effet, négation.

INÉGAL. s. égal en rapprochant les deux index et les mettant de niveau, s. nég.

INEXORABLE. s. prières, s. fléchir à l'endroit du cœur, veux pas.

INFAILLIBLE. s. erreur dans l'esprit, s. jamais.

INFAME. s. oh, oh, oh, s. rouge, s. air humilié.

INFIDÈLE. s. baptisé pas, s. croire pas.

INFINI. s. fin point, adj.

INFINITIF. s. agiter devant le visage les deux mains d'un air indécis, on devrait l'appeler indéfinitif, parce qu'il ne définit ni le passé, ni le présent, ni l'avenir, ni la personne.

INFORME. s. forme, de la main droite se frapper à différents endroits le dessus de la main gauche, s. nég. et le geste de laideur.

INFORMER. s. faire connaître quelque chose, 2° je ne sais pas, interroger de tous côtés.

INFRUCTUEUX. s. produire fruit pas.

INFUSER. s. nat. de faire tremper une plante dans l'eau.

INGÉNIEUX. s. esprit beaucoup.

INGRAT. s. recevoir de quelqu'un avec un air de satisfaction et puis élever la main comme pour dire par le geste je m'en moque.

INHUMAIN. s. malheureux qui souffre, compassion pas, le regarder d'un œil tranquille.

INHUMER. Même s. qu'enterrer, s. *man*.

ININTELLIGIBILITÉ. s. intelligible en lisant intérieurement, adj. substantifié, s. négation.

INIQUITÉ. s. conforme à la loi pas.

INJURIER. s. dire des injures, tu es une bête, une fainéante, une voleuse, T. C.

INJUSTEMENT. s. balance inégale, adj., adverbe.

Innocence. s. taches, péché dans l'âme pas.

Inouï. s. entendu jamais, exclamation de surprise.

Inquiéter (s'). s. se promener les doigts avec agitation sur le front avec l'air inquiet. — *Se troubler*. Même s. mais on ajoute le s. crainte porté au front.

Inquiétude. Même s., s. esprit tranquille pas.

Insensé. s. bon sens pas, air niais.

Insensible. s. porte les doigts aux sens, nég., s. peu à peu.

Insigne. s. en, s. signe, air d'excellence.

Insinuer. s. faire entrer quelque chose dans l'esprit ou dans le cœur, s. esprit, s. à, avec un air rusé en agitant les deux index comme pour se les faire entrer dans l'esprit.

Insinuer (s'). S'agiter les deux index en serpentant avec un air rusé et où on parvient à se glisser.

Insipide. s. qui n'a point de dégoût.

Insister. s. presser quelqu'un ardemment.

Insolent. s. parler, répondre d'un air fier et arrogant.

Insolvable. s. dette payer, peux pas.

Insomnie. s. la nuit dormir pas.

Inspection. s. droit de regarder à.

Inspiration (des auteurs sacrés), s. Dieu, s. descendre l'index sur le sommet de la tête, le porter au front, s. écrire.

Inspiration (pour une bonne action), s. Dieu, s. souffler dans l'oreille, puis diriger l'index de l'oreille au cœur.

Inspirer. Même s.

Instabilité. s. placer tantôt dans un endroit, tantôt dans un autre, tantôt gai, tantôt chagrin.

INSTANCE. s. poursuivre quelqu'un en lui faisant des suppliques.

INSTANT. s. temps, élever très rapidement en l'air l'extrémité du petit doigt.

INSTINCT. s. animaux en représentant les cornes et les oreilles, s. inclination à.

INSTITUER. s. *i man.*, s. frapper la table des deux mains, s. commandement.

INSTITUT. s. règle d'action, s. religieux.

INSTITUTEUR. s. instruire, s. homme.

INSTRUIRE. s. apprendre quelque chose à quelqu'un avec ordre en bâtissant pour ainsi dire dans son esprit, s. poser le tranchant de la main gauche le front de l'élève comme pour l'y faire entrer; 2° passer la main droite dessous; 3° poser successivement une main sur l'autre.

INSULTER. s. cracher au visage, jeter de la boue, arracher la coiffe, etc., etc.

INTACT. s. entier, toucher pas.

INTARISSABLE. s. ôter de l'eau toujours, toujours, à sec pas.

INTÈGRE. s. juger, s. comme justice.

INTELLIGIBLE. s. je lis intérieurement en passant la main sous l'habit et lisant, adj. possible.

INTEMPÉRIE. s. trop chaud ou trop froid.

INTENDANT. s. gouverner toute une ville ou toute une province.

INTENTION. s. pour, substantif.

INTERCÉDER. s. prier, s. autre se dernier s'ex. en présentant à plusieurs fois le revers de la main droite avec le geste de repousser.

INTERCESSION. s. entre, s. prier, s. pour.

Interdiction, s. entre, s. dire, s. défense.

Intérêt. s. entre, s. être et dans les yeux, montrer ou l'ambition de l'argent ou le plaisir que l'on a devoir réussir.

Intérieur. s. index qu'on passe dans sa robe, s. vois pas. — *Extérieur*, s. intérieur pas, on présente les mains devant soi les revers tournés au visage.

Intermédiaire. s. entre deux, ou le milieu.

Interroger. s. parler, interrogatif, s. commandement, s. réponse en prêtant l'oreille.

Intervalle. s. montrer deux points, A et B, l'espace du milieu.

Intestin. s. boyaux, s. intérieur.

Intime. s. aimer. s. unir les deux mains et les presser fortement.

Intrépide. s. danger, s. aller au devant.

Introduire. Conduire dedans, décrire un grand cercle horizontal et y faire entrer les deux mains assemblées.

Invalide. s. force pas, s. manchot, jambe de bois.

Invective. s. paroles injurieuses, tu es une bête, dites avec vivacité.

Inventaire. s. père mort, s. examiner tous les effets, inscrire sur une liste.

Inventer. s. trouver, s. premier.

Invétéré, s. qui dure depuis longtemps.

Inviter. s. appeler en regardant le ciel, s. supplicatif, à plusieurs reprises et avec instance.

Inutile. s. bon pour, s. négation.

J

JALOUSER. s. regarder de travers et avec peine les bijoux, l'ajustement, la figure d'un autre et faire le s. désir.

JAMAIS. s. toujours, s. rien, *j. man.*

JAMBE. s. nat.

JANVIER. s. premier mois de l'année.

JAPPER. s. petit chien, petit aboiement en remuant la queue.

JAQUETTE. s. robe d'enfant.

JARRETIÈRE. s. nat.

JASER. s. porter avec vivacité les deux mains devant la bouche avec le *p. man.*, puis s. peu en secouant les épaules.

JAUNE. Montrer la couleur.

JE. s. porter l'index dirigé vers la poitrine.

JÉSUS-CHRIST. s. mains percées, attaché à la croix, mort pour nous.

JETER. s. nat. de jeter quelque chose à terre.

A JEUN. s. mangé pas.

JEUNE. s. exprime en élevant par gradation les mains aux côtés, *j man*, s. de gaieté, de vie, et de force.

JEUNER. Déjeuner, gouter, souper pas, seulement une petite collation le soir, en montrant qu'on ne mange qu'un petit morceau de pain.

JOIE. s. sautiller de joie en se frottant les mains, *j. man.*

JOINDRE. s. joindre les mains.

JOLI. Se passer les mains avec complaisance un peu

au-dessus du menton en souriant.

Jouer. s. jeu de carte, volant, trictrac, etc.

Jouer. s. jou-jou d'enfant faire rire quelqu'un.

Jouet. s. joujou d'enfant et rire de quelqu'un.

Joug. s. pièce de bois sur le col comme pour atteler des bœufs, et expliquer l'usage des Romains.

Jouir. Se frapper la poitrine avec la main droite ouverte et à plusieurs reprises avec un air de contentement.

Jour. s. avec le *j man.* faire le tour du soleil du levant au couchant.

Jours de la semaine. s. jour, ensuite la première lettre du jour que l'on veut désigner, en observant que pour le mercredi on fait deux fois le *s. m man.*

Irréfragable. s. dire contre, s. peux pas.

Irrévérence. s. respect, s. négation.

Irritation. s. douleur à la jambe, s. y mettre quelque liqueur, s. douleur plus grande force grimaces.

Israélites. s. peuple juif, barbe et circoncis vers le côté.

Issue. s. endroit pour sortir.

Juger. s. tenir balance, considérer avec attention, puis, s. commandement, s. bon, s. mauvais.

Jumeaux. s. né, s. même jour.

Justifier. s. faire, s. juste.

Jusqu'a. s. *j. man.*, que l'on exp. en conduisant le petit doigt vis-à-vis de soi jusqu'à un certain point parallèlement à l'horizon.

L

Laborieux. s. qui aime le travail.

Labourer. s. de tourner la terre avec une charrue ou une bêche, s. de la main et du pied faire le mouvement comme pour fendre la terre et ensuite renverser la terre.

Lacer. s. nat.

Lache. s. air d'indolence, bailler, étendre les bras, cœur courage pas.

Laid. s. différentes grimaces exprimant la laideur du visage.

Laïque. s. prêtre religieux pas, s. bourse à cheveux, habit de couleur.

Laisser. s. présenter et avancer vers le côté gauche les deux paulmes des mains.

Lamentable. s. pleurer, s. gémir.

Langue. s. nat.

Langueur. s. maladie, s. faible long temps, peine à se soutenir sur les pieds.

Languir. s. air de vie et de santé, et puis l'air nat. de languir.

Largesse. s. nat. de large, et donner à pleines mains.

Larme. s. nat.

Larron. s. voler, représenter le mauvais larron sur la croix en faisant des contorsions.

Lasser. s. nat., après avoir été longtemps debout.

Latinité. s. langue du *latin*, qui s'exprime en posant et retournant la main comme sur deux colonnes dans un dictionnaire latin et français, adj. substantifié.

LAVER. s. nat. de se laver les mains.

LÉCHER. s. nat.

LEÇON. s. feindre d'écrire comme une page, s. apprendre.

LÉGER. s. on fait le signe nat. de soupeser quelque chose et montrer avec le dedans de la main qu'il ne pèse pas, en agitant les doigts.

LÉGISLATEUR. s. faire loi et commandement.

LÉGITIME. s. comme la loi.

LÉGUMES. s. herbe que l'on hache, racines, etc.

LENDEMAIN. s. dormir, s. futur, s. *l. man.*

LÈPRE. s. croûte galeuse partout le corps et détourner les yeux.

LÉTHARGIE. s. malade assoupi toujours toujours.

LETTRE. s. écrire, plier et cacheter.

LEVER. s. nat.

LIBERTE. s. enchaîné pas.

LICENCE. s. abbés en fourrures, s. argoter ; 2e sens supérieur, donner permission de.

LIER. s. nat.

LIEU. On décrit avec les mains un espace, on y pose un corps quelconque en un endroit et puis on le montre.

LIEUTENANT. s. hausse col, s. *lieu*, s tenir, participe, s. au milieu.

SE LIGNER. s. on parle à l'un et à l'autre avec un air de mystère, s. joindre essemble, s. de chasser quelqu'un de sa place ou de son emploi.

LIMITE. s. tracer deux pays qui se touchent et mettre une borne au milieu.

LIQUEUR. Tout ce qui coule.

LIRE. s. nat.

LITIGIEUX. s. sujet, *jeter dessous* à procès.

LITURGIE. s. manière de célébrer l'office.

LIVIDE. s. meurtrissure, s. noir tout au tour.

LIVRER. s. de laisser qui s'ex. en présentant et avançant un peu vers le côté gauche les paumes de la main, mais y ajouter s. prendre.

LOGER. s. payer, s. dormir, s. chambre.

LOGIQUE. Art de raisonner.

LOI. s. des deux tables de la loi données à Moïse.

LOIN DE. 1° On pose sur la table les deux index ; 2° on conduit l'index droit le long du bras gauche que l'on étend que l'on peut pour montrer le lointain, s. de prép.

LOISIR. s. temps, peu de chose à faire.

LE LONG DE. On fait le s. d'une rivière ou d'un quai et on conduit le bras droit vis-à-vis de soi pour montrer le long de.

LONGANIMITÉ. s. longueur, adj. subst. et puis un air de patience.

LORS. s. avancer l'index perpendiculairement en bas, à toute la longueur du bras.

LORSQUE. s. lors, et le que relatif.

LOUANGES. s. *l man.*, qu'on porte à la bouche comme pour dire bon et qu'on élève avec emphase comme pour respect.

LOUER. Même s. en élevant *l* à différentes reprises au-dessus du front ; 2e sens, louer une maison, s. compter de l'argent, s. maison les mains l'une sur l'autre en forme de comble, pour tant de temps.

Lugubre. s. chambre tendue en noir, s. pleurer.
Luire. s. de lumière en agitant tranquillement les cinq doigts dirigés en haut, étendre les mains pour marquer qu'elle s'étend dans l'appartement, s. infinitif.
Lumière. Même s. substantif.
Lundi, *l man.*, s. jour.
Lunette. s. nat.
Luxe. s. dépenser trop en habits, frisures, meubles.
Luxure. s. couvert immodestement.

M

Ma. s. porter la main droite sur son estomac pour marquer que la chose est à soi, adj. féminin.
Macérations. s. châtier son corps, discipline, coups de poings, jeûner.
Macher. s. nat.
Machine. s. décrire une espèce de boîte, des vis, des roues qui tournent, etc.
Mages. s. trois rois, s. savants.
Magistrat. s. grand rabat, robe traînante, assis et jugeant.
Magnanime. s. âme, s. grande.
Magnificence. s. air de grandeur, nombreux cortèges, beaucoup de carrosses.
Mai. s. cinquième mois de l'année.
Majesté. s. étendre les mains de tous côtés avec un air d'emphase et de gravité, *m manuel.*
Maigrir. 1er sens, se prendre les joues à pleines mains ; 2e sens, y enfoncer les doigts pour montrer qu'elles sont maigres.

MAINTENIR. Tenir dans le même état, on frappe la main gauche avec la droite ou avec l'index et le pouce, et puis avec le même pouce et index on parait tenir quelque chose en l'air.

MAINTIEN. s. manière de se tenir.

MAIS. Quelque chose qui arrête, on présente les deux paumes de la main.

MAISON. s. d'un comble avec les deux mains.

MAÎTRE. s. commander, s. un *man*.

MAITRISER. s. faire à l'impératif avec l'*un man*.

MAL. s. bien, s. contre avec les deux index en opposition.

MALADE. s. tâter le pouls, air de douleur sur la figure.

MALE. s. sexe masculin.

MALÉDICTION. s. bénédiction pas, s. regretter avec un air d'indignation,

MALGRÉ. s. cœur et peine, s. contre volonté.

MALHEUR. s. joindre les mains élevées au ciel avec l'air de quelqu'un qui vient d'apprendre un malheur.

MALIN. s. croiser les index sur le front, siège de l'esprit avec l'air de reprocher à quelqu'un sa malice en souriant.

MALSAIN. s. air, s. contraire à la santé.

MALTRAITER. s. mal, s. prendre quelqu'un et le traiter très brusquement.

MANDEMENT. s. évêque écrire à tous, lire en chaire papier, les armes à la tête.

MANDER. s. donner ordre à quelqu'un de venir ou de faire quelque chose, s. écrire à quelqu'un, s. commandement, s. venir.

MANE. s. nourriture du ciel dans le désert.

MANGER. s. nat.

MANIER. s. on prend une main avec l'autre et on la manie en tous sens. — *Toucher*, ne se fait que du bout du doigt, de l'extrémité de la main.

MANIÈRE. s. se manier les mains comme pour *comment sans interrogation*, substantif féminin.

MANIFESTER. s. découvrir une chose cachée, s. voyez.

MANQUER. 1er sens, avoir besoin, s'il faut, puis écarter les mains en les abaissant, en haussant un peu les épaules avec l'air de dire cela me manque en regardant à terre; 2e sens, ne pas faire ce qu'on doit, s. fallait, s. pas fait.

MANUEL. s. livre de tous les jours qu'on tient à la main.

MANUFACTURE. s. lieu, travailler à la main et montrer les ouvriers.

MANUSCRIT. s. écrit à la main.

MARBRE. s. pierre, s. froid et tracer les veines de l'index.

MARCHAND, s. étaler, s. livrer sa marchandise, s. recevoir de l'argent, s. homme.

MARCHANDER. s. présenter quelque chose combien, 1, 2, non 6, je vous donne 8.

MARCHANDISE. On montre les objets.

MARCHÉ. s. lieu, vendre, acheter poisson, légumes.

MARCHER. s. nat., mais on ne va que pas à pas, à pas comptés pour distinguer d'aller, où l'on n'observe pas de mesure.

MARDI. s. jour, *m man*.

MARÉCHAL. s. cordon bleu, bâton de maréchal à la main.

MARGUILLER. s. perruque bien frisée, cravate blanche, petit manteau court, aller à l'offrande.

MARIAGE. s. les deux mains l'une contre l'autre, et la bénédiction du prêtre.

MARIER. Même s., ajouter donner son fils ou sa fille en mariage.

MARITIME. s. près de la mer.

MARQUER. s. avec le pouce ou l'index on fait sur la main cette marque. I.

MARQUIS. s. décrire un petit terrain, s. *de man.*, s. commander.

MARS. Le troisième mois de l'année.

MARTYR. s. tué pour J.-C. ou pour la foi.

MARTYRISER. s. couper la tête, faire souffrir pour J.-C.

MASCARADES. s. troupes de gens masqués.

MASQUER. s. nat.

MASSACRER. Tuer cruellement, s. de frapper, meurtrir, exterminer avec un air de barbare.

MATIÈRE. s. esprit pas, et puis on touche une table ou autres choses matérielles.

MATIN. s. incliner la main du côté du lever du soleil, s. air frais, se frotter les yeux.

MAUDIRE. s. souhaiter du mal à quelqu'un, s. bien pas, s. rejeter.

MAUDIT. s. béni pas, rejeter avec indignation.

MAUVAIS. s. mal, adj.

MAXIMES. s. vérités grandes, très grandes, s. règle.

ME. s. on frappe sur sa poitrine, s. conjonctif en faisant une croix avec les deux index.

MÉCHANT. s. mal, s. péché, adj.

MÉCONNAÎTRE. 1er sens, ne pas reconnaître quelqu'un, je ne le connais pas ; 2e sens, manquer de reconnaissance, être ingrat ; 1o on fait le s. de remerciement des sentiments du cœur ; 2o on y joint une négation.

Mécontenter. s. bon bon avec une inclination de tête pour marquer de la satisfaction, s. négation.

Mécréant. s. croire mal.

Médecin. s. tâter le pouls, fines manchettes, belle perruque, canne à pomme d'or.

Médiateur. s. prier entre.

Médiocre. s. ni grand ni petit, ni bon ni mauvais.

Médire. s. dire du mal, s. sans nécessité, ce dernier se fait en frappant la table de l'index et du 3e doigt réunis pour former l'*u man.*

Méditer. s. penser beaucoup, on appuie la tête avec la main en fermant les yeux et les ouvrant de temps en temps.

Méfier (se). s. lui malin ou méchant, je ne m'y fie pas, en se secouant la tête et l'air de défiance.

Mégarde. s. de heurter quelqu'un, s. pensais pas.

Meilleur. s. bon, regarder une autre chose, s. élever la main plus haut, *m manuel.*

Mélancolie. s. visage allongé, toujours toujours.

Mêler. s. de mettre dans un verre plusieurs choses, et remuer le tout avec l'index.

Membre. s. montrer ses bras et ses jambes.

Même. s. rapprocher les deux mains à différentes reprises les doigts allongés.

Mémoire. s. faire passer la main du derrière de la tête vers le devant.

Mémorial. Même s., adj.

Ménacer. s. naturel de menacer un enfant avec l'index et le signe de dubitatif, si tu fais cela je te, etc.

Ménage. s. père, mère, enfants, vivre ensemble.

Ménager. s. compter de l'argent beaucoup, donner peu et ramasser le reste sous la clef.

Mendier. s. demander pain, à plusieurs et le tour de l'hôpital.

Mener. s. prendre quelqu'un d'une main comme pour le mener quelque part.

Mensonge. s. paroles qui vont de travers, se croiser les index et les agiter sur la bouche.

Mental. s. fait en l'esprit, s. parler pas.

Mentir. s. tourner les deux index l'un sur l'autre vis-à-vis la bouche (c'est-à-dire vérité qui sort de travers).

Mépris. s. naturel de mépriser du visage et de la main.

Mépriser. Regarder quelqu'un du haut de sa grandeur, mouvement des lèvres qui l'exprime, abaisser la main vers la terre, la retourner en la bouffissant, repousser avec un air de mépris.

Mercenaire. s. travailler pour de l'argent.

Mercerie. s. boutique, couteaux, ciseaux, etc.

Mercredi. s. jour, *m man.* deux fois.

Mère. s. faire sortir de devant l'estomac les deux mains jointes, s. féminin.

Méridien. s. cadran placé au midi.

Mériter. 1er sens, en bonne part des louanges, des récompenses, se frapper le creux de la main gauche avec l'index et le pouce réunis, puis s. bon; 2e sens, en mauvaise part mériter des réprimandes ou des châtiments, s. mériter mais au lieu du signe bon on substitue le s. de menaces en faisant des yeux de travers.

Merveille. s. présenter les deux paumes des mains l'une devant l'autre avec l'air de dire ho, — ho, ho. — *Miracle.* Même s. mais on montre

Dieu qui les opère. — *Prodige*. Même s. mais on fait un cercle dans l'air, pour montrer qu'ils s'y font.

Mésintelligence. s. intelligence avec, union pas.

Mesquin. s. donner peu.

Messe (la). s. prendre la chasuble, oblation, s. élévation de l'hostie.

Messie. s. envoyé, s. bon, très bon, par excellence.

Messire. s. de monsieur, s. de respect.

Mesurer. s. naturel de mesurer une aune de toile.

Métal. s. argent, cuivre, etc.

Métamorphose. Signe forme, s. changement.

Métaphysique. s. porter l'index aux différents sens, ensuite l'élever bien haut au-dessus de la tête.

Méthode. Signe, manière d'apprendre ou de faire.

Métier. Signe raboter, limer, coudre, etc. *m. manuel.*

Mets. Signe plats sur la table, signe pour manger.

Mettre. s. de mettre quelque chose sur la table.

Meubles. s. montrer lits, armoires, tables, chaises, etc.

Meubler. Même s., mettre le tout dans une chambre.

Meurtrir. s. se frapper fortement contre quelque chose et montrer la petite tache noire en faisant la grimace.

Mieux. s. bon, puis l'on élève l'*m manuel* avec l'index l'air de dire mieux.

Migraine. Signe douleur à la moitié de la tête.

Milieu. s. faire un rond et placer l'index au beau milieu.

Minauder. s. coudre, tricoter, travailler à l'aiguille, en faisant des petites mines de précieuse.

MINE. s. façon du visage ; 2e sens, creux souterrain, mettre la poudre faire sauter les pierres.

MINEUR. s. jeune homme 25 ans pas.

MINISTÈRE. s. prêtre, s. servir, s. comme J.-C.

MINISTRE. s. prêtre, l'étole, croisé, serviteur, s. servir, qui baptise, prêche, etc. comme J.-C.

MIRACLE. s. présenter les deux paumes des mains l'une devant l'autre avec l'air de dire oh.. oh.. oh.. et montrer que c'est Dieu qui les opère.

MIRER (SE). Se regarder dans le miroir en faisant la grimace.

MISÉRABLE. s. de misère, adjectif.

MISÈRE. s. frapper les deux mains l'une contre l'autre d'un air de compassion en élevant les épaules.

MISÉRICORDE. s. bon, cœur, s. pardon, en portant les mains devant soi avec un air de rémission.

MITONNER. s. couper des tranches de pain, arroser de bouillon, les remettre sur le feu, s. de bouillonnement en agitant les doigts.

MITOYEN. s. mur qui sépare deux maisons.

MIXTE. s. composé de.

MODE. s. manière de s'habiller, à présent.

MODÈLE. s. regarder et faire comme.

MODÉRER. s. d'une grande activité puis avec les deux mains le s. nat. de modérer, allons allons moins doucement que pour apaiser.

MODESTIE. s. découverte pas, s. naturel d'une fille modeste.

MODIQUE. s. compter de l'argent, s. peu, on explique que ses personnes aiment beaucoup les plaisirs, les richesses, s. péché.

MŒURS. s. tout ce que l'on fait bien ou mal.

Moi. On se frappe sur sa poitrine.

Moindre. s. plus petit.

Moins. s. on conduit le pouce droit successivement sur le petit doigt, on s'arrête comme pour demander est-ce en secouant la tête, moins, on avance encore un peu.

Mois. s. on trace sur la main gauche des lignes du haut en bas, pour représenter les mois comme ils le sont sur les almanachs, et on fait l'*m manuel.*

Moisonner. s. couper le blé avec une faux, le mettre en gerbes et puis en tas.

Moment. s. temps petit vers l'extrémité du petit doigt on ne l'élève pas tout à coup pour distinguer l'instant.

Mon. On frappe sur sa poitrine comme pour moi, adjectif masculin, et on montre la chose.

Monde. s. on trace une boule avec les deux mains faisant remarquer qu'on y comprend la lune, le soleil, les étoiles, la terre, etc.

Monde (Hommes). Même signe mais on montre des personnes.

Monitaire. s. évêque ordonner de dire ce qu'on a vu, ou bien communion pas.

Monstre. s. figure, signe horreur.

Monter. s. naturel.

Montrer. Signe présenter la main gauche ouverte et y porter l'index et le doigt du milieu, signe indicatif.

Monument. s. tombeau pyramide, souvenir, s. avenir.

Moquer. s. naturel de rire avec mépris de quelqu'un, le montrer au doigt en disant fu.

Moral. Signe qui a rapport aux mœurs.

Mordre. s. naturel.

Mortifier. Quelqu'un, signe faire peine à quelqu'un.

Mortifier. Signe faire, s. fort, s. cœur, s. repousser les friandises.

Motif. s. qui s'engage à faire.

Moucher (se). s. nat.

Moudre. s. naturel de moudre du blé ou du café.

Moue. s. allonger les deux lèvres ensemble.

Mouiller. s. pluie, s. passer la main sur son habit et la présenter mouillée.

Mourir. s. pencher la tête sur les épaules rendre le dernier soupir.

Moyen. Signe de se manier les mains comme pour comment sans interrogation, substantif masculin.

Mugir. s. cri de bœuf, en montrant les cornes.

Multiplier. s. beaucoup, s. encore, s. beaucoup, infinitif.

Murer. s. naturel des maçons qui mettent de la chaux, des pierres, etc. sur la même ligne en élevant.

Murir. Signe fruit dur, s. soleil, s. jaune, on tate le fruit, signe bon.

Murmurer. s. pain dur en regardant les autres, avec crainte d'être aperçue, cela n'est pas bon, et y mettant le mouvement de la tête, des yeux, des épaules et des mains.

Mutiner. Signe, un dit à plusieurs, ne faites pas, et plusieurs disent ne feront pas. — *Obstiner*, un seul dit en remuant la tête je ne le ferai pas, faites-le, je ne le ferai pas.

Mutuel. Signe de vous à moi, de moi à vous.

Mystère. s. oui de l'esprit, oui de la bouche, oui du cœur, les mains sur les yeux et passer la main droite sous la gauche avec un air de respect, subst.

Mystique. Même s., adjectif.

N

Nager. s. naturel.

Naissance. Signe naître, s. présent du participe, s. substantif.

Naître. Sortir du sein de sa mère, signe mère, à l'infinitif.

Nation. Plusieurs fois le signe de naître, signe assembler, signe pays mais à différents points.

Nature. s. de naître répété plusieurs fois avec vivacité.

Nature de Dieu. Signe nature mais on y ajoute essence en faisant un cercle, perfections de Dieu.

Ne. s. négation en formant l'*m manuel* et conjonction.

Néanmoins. Signe rien, adjectif, signe moins.

Néant. s. rien, substantif.

Nécessité. On joint ensemble l'index et le doigt du milieu et on frappe perpendiculairement sur la table, substantif.

Nef. Signe église, depuis la porte jusqu'au chœur.

Négligence. s. voir pas, signe air d'indifférence, s. bailler, air de paresse.

Négocier. s. vendre et acheter de tous côtés et au loin, s. compter de l'argent, faire des ballots, les lier, envoyer loin loin, il revient de l'argent, acheter de nouveau et on renvoie encore dans un pays différent.

Neiger. s. agiter les doigts perpendiculairement devant le visage, soufler pour représenter la neige qui va en tous sens, s. blanc, s. froid.

Néophyte. s. baptiser, s. nouveau qui s'exprime en passant rapidement la main droite entre le pouce et les autres doigts de la main gauche, adj.

Nettoyer. s. assiette ou quelqu'autre chose sale, s. nettoyer et frotter.

Neveu. s. faire sortir les mains jointes vers le côté à trois générations, s. *n manuel*. — *Nièce*. Même s. féminin.

Neuf. s. nouveau et on montre son habit.

Neutre. Ni masculin, ni féminin.

Neuvaine. s. prière pendant neuf jours. — *Non*, *n manuel*, en secouant la tête. — *Ne*, s. non conjectif.

Ni. s. non des deux mains.

Niais. s. esprit pas, bouche béante.

Niche. s. enfoncement dans le mur y mettre une statue.

Nier. s. dire non.

Niveau. Longue ficelle pour aligner, passer la main dessus pour indiquer le niveau.

Noble. s. plumet au chapeau, épée au côté, grande naissance.

Noces. mariage, s. festin.

Noel. s. jour de la naissance de J.-C., substantif.

Nœud. Signe nat.
Noir. Montrer une couleur noire.
Noircir. s. faire, s. noir.
Noisette. s. petit, s. casse-noisette.
Nom. s. d'écrire dans la main.
Nombrer. s. dire 1, 2, 3, 4, en élevant successivement les doigts de la main droite.
Nommer. s. dire le nom en écrivant dans la main gauche.
Non. s. *n manuel* en secouant la tête.
Nord. s. côté opposé au midi.
Notables. s. personnes d'un lieu, s. remarquable un, s. de considération.
Notaire. s. robe, grands rabats, s. écrire pour mariage.
Note. s. écrire à la marge d'un livre je m'en rappellerai.
Notoire. s. connu de beaucoup de monde.
Notre s. de l'*n man.* porter avec la main droite au côté gauche et rapporter en passant la main devant soi au côté droit, adjectif.
Nôtre (le). Même s. relatif, adj.
Novembre. s. du onzième mois de l'année, substantif.
Nouer. s. naturel.
Novice. s. voile blanc, ou religieux qui commence.
Nourrir. s. manger et montrer que cela soutient les forces en passant dans l'estomac.
Nous. s. porter avec la main droite l'*n. man.* du côté droit en passant la main devant soi et montrer qu'on est plusieurs.
Nouveau. s. passer rapidement la main droite en-

tre le pouce et les autres doigts de la main gauche, adj.

Nouvelle. s. chose que l'on a apprise depuis peu, fém.

Noyer (se). s. étendue d'eau, on nage, les forces manquent et on va au fond, on meurt.

Nu. s. des pieds sans bas.

Nuages. s. montrer qu'ils courent dans les airs noirs et épais.

Nuire. s. faire tort, empêcher qu'on ne vous fasse du bien.

Nuit. s. soleil caché, s. dormir.

Nul. s. rien, adjectif, masculin, et on ne montre pas des personnes pour distinguer d'*aucun*.

Numéroter. s. naturel de numéroter les pages d'un livre.

O

Obéir. s. commandement, s. acquiescement des mains et de la tête.

Objet. s. présenter aux yeux la paume de la main en faisant l'*o man*. subst.

Obliger. 1er sens, rendre service à quelqu'un, s. rendre, s. servir avec un air gracieux ; 2e sens, forcer de faire, même s. que devoir en frappant sur la table mais on fait l'*o man*.

Obscurcir. s. clair, faire passer quelque chose dessus, devant les yeux, ou bien, s. soleil brillant, les nuées l'obscurcissent.

Obséder. s. suivre toujours quelqu'un, demander, pousser, harceler avec importunité, puis le s, d'impatience et cela à plusieurs reprises,

Obsèques. s. enterrement, funérailles pompeuses.

Observer. 1er sens, remarquer, lire avec attention, faire remarquer quelque endroit ; 2e sens, observer la loi, même s. qu'accomplir qui s'exécute en faisant s. faire, s. tout, s. fin ; 3e sens, pratiquer, s. regarder, s. faire comme.

Obstacle. s. vouloir passer par un endroit, s. ah.

Obstiner (s'). s. je ne veux pas que cela soit là, je ne veux pas moi, et le placer ailleurs, et cela à plusieurs fois.

Obtenir. Je désire, je demande, j'espère, on m'accorde, je serre la chose contre ma poitrine, s. à moi.

Obvier. s. aller, s. présenter les paumes des mains.

Occasionner. s. marcher et tout à coup on se présente la main à une certaine distance en exprimant la rencontre.

Occident. s. lieu où le soleil se couche.

Occupation. s. faire, travailler, s. beaucoup.

Occuper (s'). s. penser, s. faire beaucoup.

Octave. Avec les deux mains former un cercle, puis assemblage de huit jours.

Octobre. Le dixième mois de l'année.

Oculiste. Celui qui guérit les yeux.

Odorat. s. nat.

Œil. s. nat.

Œuf. s. nat.

Œuvre. s. faire en s'arrêtant à plusieurs points, *o manuel.*

Offenser. Venir contre, 1er sens, offenser Dieu, les deux index l'un contre l'autre, s. péché ; 2e sens, offenser quelqu'un, même s., mais s. injures.

Office. s. messe, s. deus in adjutorium, s. chanter.

Officier. Même s. au premier sens ; 2e sens hausse col.

Offrande. s. offrir, participe substantifié.

Offrir a Dieu. Les deux paumes des mains élevées comme pour l'offertoire à la sainte messe ; 2e sens offrir quelque chose à quelqu'un, s. nat. de présenter les deux mains d'un air gracieux.

Offusquer. s. lire, s. écarter quelqu'un qui est devant soi, je ne vois pas, vous êtes devant le jour.

Oignon. En montrer un.

Oindre. s. nat. de l'extrême-onction.

Oiseau. s. tenir dans sa main, carresser, becqueter, battre des ailes.

Oisif. s. rester les bras croisés, regarder de quel côté vient le vent.

Ombre. s. présenter la main un peu devant soi et de l'index montrer l'ombre qui suit.

Omelette. s. casser des œufs, les battre, s. du beurre dans la poële, s. fricasser.

Omettre. s. pas, s. fait.

On. s. on prononce l'*o man.* en faisant un demi cercle.

Oncle. s. frère, s. père. *o manuel.*

Onction. s. nat. d'oindre les différents sens.

Ondoyer. s. baptiser à la maison.

Ongle. s. nat.

Onglée. s. nat. de grand froid aux doigts.

Opération. s. action d'esprit, ou bien travailler sur les maladies des corps comme les chirurgiens.

Opérer. s. agir, *o man.*

Opiner. s. l'index au front comme pour penser,

mais regarder en balançant tantôt d'un côté, tantôt d'un autre, *o man.* — *S'obstiner.* Je ne veux pas que cela soit là, je veux qu'il soit là moi, à plusieurs reprises.

Opiniatrer. Même s. mais beaucoup plus fort en frappant du pied.

Opinion. s. penser, s. peut-être.

Opposer. s. contre, puis présenter le dedans des deux mains comme pour repousser quelqu'un.

Oppresser. s. nat. d'une poitrine oppressée qui respire difficilement.

Oppression. s. gorge serrée, étouffement.

Opprimer. s. fouler quelqu'un des deux mains, il se relève, mais le fouler de nouveau, et montrer l'*o man.*

Opprobre. s assemblage du peuple qui fait des huées, s. devenir rouge et confus.

Opter. s. choisir entre deux choses qu'on ne peut avoir ensemble, s. ensemble non, l'une ou l'autre.

Opulence. s. embonpoint, se carrer avec emphase et faire parade de ses richesses avec un air d'admiration.

Oracles. s. Dieu, s. paroles, s. air d'écouter avec attention.

Orage. s. grande pluie, éclairs, tonnerre.

Oraison. s. élever les mains, *oremus*, s. prier.

Ordinairement. Avec les deux index et les deux pouces faire une espèce de chaine, s. souvent, ou plusieurs fois, adjectif adverbifié.

Ordonner. Même s., mais au lieu de souvent on fait commandement.

Ordre. Même s.

Oreille. s. naturel.

Orfèvre. s. faire calice, couverts, tabatières, etc.

Organe. s. montrer la langue, les yeux, les oreilles, s. pour, subst.

Organiser. s. Dieu a créé nos veines, nos nerfs en les montrant.

Orgueil. s. cœur bouffi, ce que l'on représente en enflant les joues et montrant avec les mains l'enflure du cœur et on affecte un air fier.

Orgueillir (s'en). 1er sens, faire partir du cœur les deux mains en les écartant pour exprimer l'enflure du cœur; 2e sens, les élever pour montrer l'élévation du cœur en enflant les joues.

Orient. s. élever petit à petit derrière quelque chose, une tabatière, pour exprimer le lever du soleil.

Origine. s. commencement de.

Orner. s. nat. d'orner un autel.

Orphelin. s. enfant père et mère morts.

Orteil. s. nat.

Orthodoxe. s. croyant bien.

Orthographe. s. science d'écrire sans faire de fautes.

Os. s. nat., ossements, os décharné.

Oser. s. le roi passe et j'ose lui parler, s. craindre pas.

Ostentation. s. donner l'annonce avec un air de parade et tenant de l'argent entre le pouce et l'index le montrer à tout le monde avant de le donner.

Oter. On met la main sur la table et on prend quelque chose qui y était.

Ou. Conjonctif, partez ou restez.

Ou. On regarde deux choses lequel voulez-vous celui-ci ou celle-là.

Où. Dans lequel.

Où. On regarde de tous côtés en cherchant avec le s. interrogatif.

Ouaille. s. bébé, *o man.*

Ovale. s. figure en forme d'un œuf.

Oublier. s. porter la main sur le front et la rejetant derrière la tête avec l'air des yeux et du visage qui dit je ne m'en souviens plus.

Ouie (l'). s. nat.

Ouir. s. entendre, s. *o manuel.*

Ouragan. s. grand vent qui déracine les arbres.

Outil. s. alène de cordonnier, lancette, vrille, etc., etc.

Outrager. s. ôter la coiffe, donner un souflet, cracher au visage, etc.

Outre. On écarte les mains devant soi comme si on voulait dire autre mais un peu plus fort, mais avant on trace une ligne et on s'arrête avec l'air indécis de s'y arrêter, non outre.

Outrer. s. grande colère, les poings sur les rognons, les yeux furieux.

Ouvrir. s. naturel.

P

Palissader. s. nat., de mettre des pieux en terre et de faire une espèce de muraille.

Palisser. Attacher les branches des arbres contre la muraille.

Pallier. Cacher une faute, s. cacher dessous, *p man.*

Panache. Aigrette sur la tête qui s'étend de côté et d'autre.

Panader (se). s. paon, marcher et se carrer avec fierté.

Pacifier. s. faire paix avec les deux mains, apaiser quelqu'un.

Pacte. s. regarder une personne avec l'air de dire voulez-vous, oui, et moi aussi, ensuite se frapper dans les mains.

Païen. s. statue, s. adorer.

Pain. s. avec le tranchant de la main droite faire comme si on voulait se coucher le revers de la main gauche.

Paître. s. la main droite à la gorge pour exprimer le bêlement des moutons, approcher bien près des dents la paume de la main et exprimer l'action de brouter en retirant le menton à plusieurs reprises.

Paix. s. agitation, s. des deux mains, s. naturel, apaisez-vous, subst.

Palais. s. maison du roi, s. beau, beau.

Palir. s. passer la main sur le visage, s. malade, s. blanc.

Palme. s. branche à la main d'un air triomphant.

Palpable. s. voir, manier, toucher une chose.

Palpiter. s. nat., agiter les doigts sur le cœur en disant tic tac, tic tac.

Pamer (se). Ou à force de dire, ou d'effroi, s. rire ou s. effroi et porter la main sur la poitrine.

Panégyrique. s. discours, louer quelqu'un.

Panser une plaie. s. nat.

Pape. s. trois couronnes une croix au dessus.

PAPERASSER. s. ramasser de vieux papiers.

PAPIER. En montrer.

PAPILLONNER. s. voler de fleur en fleur comme le papillon, s. petit, s. voler des deux mains en disant pa pa pa.

PAPILLOTER. s. nat.

PAQUES. s. résurrection de Notre Seigneur J.-C.

PAR. s. on passe le tranchant de la main droite entre le pouce et l'index de la main gauche.

PAR RAPPORT. s. par, s. rapport est, s. porter duplicatif et on rapporte la main droite sur la chose comme pour le s. relatif lequel.

PAR EXEMPLE. s. par, ensuite on trace quelque chose sur la main gauche et on présente la paume de la main.

PARABOLE. s. parole, s. comparer, s. entrevoir.

PARADIS. s. jardin, fleurs, fruits, s. air de contentement ; 2° sens, voir, aimer Dieu, s. ciel.

PARADOXE. s. sentiment ou parole contre raison.

PARAPHER. s. nat.

PARALLÈLE. s. deux lignes distantes.

PARAPHRASER. Un verset de l'écriture, s. expliquer, s. long en tirant une petite ligne, pour exprimer le verset et une virgule pour exprimer que ce que l'on dit est tiré du verset.

PARCE QUE. Lisez voilà la raison, s. on promène sa main sur les mots qui suivent le parce que et en même temps on fait signe à celui à qui l'on parle de les lire.

PARCOURIR. s. en passant le tranchant de la main droite entre le pouce et l'index gauche, s. courir.

Pardonner. s. cœur, s. aigri point, s. effacer, s. oublier.

Pareil. s. même, les deux *p manuels*.

Parent. s. assemblage de père, mère, frère, etc.

Parer (se) s. marquer l'ajustement avec un air de complaisance.

Paresseux. s. allons, allons donc, s. air indolent qui n'aime pas le travail.

Parfait. s. par, s. fait, adj., s. bien.

Parfumer. s. sentir bon, s. mettre dans ses cheveux ses habits.

Parier. s. je parie 2 fr. qu'elle gagnera, et moi je parie qu'elle perdera.

Parjurer. s. jurer, s. faux devant le juge.

Parlement. s. assemblage de juges, s. gouverne tout.

Parler. s. remuer les lèvres et le *p man.*, diriger aux oreilles des autres.

Parmi (au milieu). s. par, s. milieu.

Parmi (entre). s. entre, en faisant passer le tranchant de la main droite entre les doigts de la main gauche.

Paroisse. s. circonscrire un terrain, puis s. étole pastorale.

Parole. Même s. que parler, substantif.

Paraître. Se présenter la paume de la main droite et poser la main gauche sous le coude droit pour le soutenir.

Parquêter. s. naturel.

Parricide. s. celui qui tue son père.

Parsemer. s. par, s. semer ça et là.

Partager. s. faire des parts et donner à l'un et à l'autre.

PARTICIPER. s. faire part, s. prendre, *participe d'un verbe*, se pincer l'habit des deux côtés en haut de la poitrine.

PARTICULARISER. s. faire part, mettre à l'écart, s. 1, 2, 3, 4, etc.

PARTICULIER. s. porter le tranchant de la main sur l'extrémité d'une table, faire un mouvement comme pour séparer cette partie du tout, adj. masculin.

PARTIR. s. adieu avec la tête, s. galoper. — *Quitter*, s. ou s. on va sans adieu.

PARTOUT. s. par, s. tout.

PARVENIR. s. par, s. venir.

PAS. s. *p man.*, comme pour dire non.

PASSABLE. s. regarder quelques ouvrages, s. bon un peu.

PASSER. s. reculer, s. passer la main à côté de soi à plusieurs reprises.

PASSIBLE. s. peut souffrir.

PASSION (DE J.-C.). s. souffrances, outrages de Notre Seigneur J.-C.

PASSION (cupidité). Se pincer l'habit à l'endroit du cœur en s'inclinant du côté gauche, s. péché.

PASSIONNER (SE). Même s., s. grand amour, on y met le s. péché pour le mal.

PASTEUR. s. bébé, s. porter sa brebis sur ses épaules, s. houlette.

PATENTE (LETTRE). s. lettre du roi, s. ouvrir les paumes des deux mains et les étendre.

PATHÉTIQUE. s. prêcher, toucher le cœur.

PATIENTER. s. prendre patience, s. attendre les yeux et les mains levés vers le ciel pour exprimer la patience.

Patiner. s. glisser sur la glace avec des patins, il faut dessiner un patin.

Patir. s. agiter les deux poingts sur l'estomac comme pour souffrir, *p manuel.*

Patisser. s. faire des pâtés.

Patriarche. s. grande barbe, s. ancien.

Patrie. s. lieu de naissance.

Patron. s. saint qui protège.

Patte. s. nat.

Paver, s. rue, grand chemin, ôter la terre, pierre, frapper dessus.

Pauvre (mendiant). 1er sens, tendre la main avec un air piteux et le tour de l'hôpital. — 2e sens, qui manque d'esprit, s. hausser les épaules et faire la grimace comme si on disait c'est un pauvre d'esprit. — 3e sens, digne de compassion, s. de grand malheur les mains réunies lever les yeux au ciel avec l'air naturel de dire ah ! le pauvre homme.

Payer. s. devoir, puis remuer le pouce contre l'index et faire comme pour compter de l'argent.

Pays. s. décrire un terrain, *p man.*

Paysan s. démarche lourde, air niais, bouche béante, ôter le chapeau d'un air embarrassé.

Paul (St). s. renversé de sur son cheval.

Pêcher. s. nat. d'une ligne ou des filets.

Pécher. s. Dieu qui commande, s. je n'en ferai rien en levant comme font les enfants à qui l'on commande quelque chose qui ne leur plait pas.

Péché originel. s. péché, s. fruit mangé.

Péché mortel. s. péché qui donne la mort à l'âme donc s. mort. adjectif.

Péché véniel. s. péché, s. petit.

Péché actuel. s. péché, s. faire à présent, adjectif.

Pédant. s. savant, fier, orgueilleux.

Peigner. s. nat.

Peindre. Faire l'action d'un peintre.

Peine. s. passer à plusieurs reprises les poings fermés davant l'estomac, avec le visage, les yeux et toute l'attitude d'un homme qui souffre, mais assez doucement.

Pêle-mêle. s. tout brouiller, sans dessus dessous, adv.

Peler. s. nat. de peler une pomme.

Peloter. s. nat. de peloter du fil, de la laine.

Penchant. s. se pincer l'habit à l'endroit du cœur en s'inclinant du côté gauche.

Pendant. s. *p man.*, qu'on conduit devant soi à partir de la poitrine.

Pendre. s. nat.

Pénétrer. s. entrer bien avant, introduire son index droit sous son habit, vis-à-vis la poitrine et l'enfoncer, à plusieurs reprises.

Pénible. s. qui donne de la peine, difficile.

Pénitence (sacrement). s. dire ses péchés, s. mea culpa, absolution, s. pardon en se frottant les paumes des mains pour montrer qu'il ne reste rien.

Pénitence (vertu). s. pleurer, jeûner, prier, demander pardon.

Penser. s. porter l'index au front avec un air pensif à plusieurs fois.

Pension. s. assemblage de jeunes gens, manger, coucher, payer.

Pentecôte. s. saint esprit, s. pluie, langue de feu.

Pépinière. s. assemblage d'arbres, transporter ailleurs.

Perception. s. apercevoir par l'esprit.

Percer. s. nat.

Percher. s. oiseau dessus des branches d'arbres.

Perclus. s. membres remuer pas.

Perdition. s. qui conduit au malheur éternel.

Perdre. s. fouiller dans sa poche pour chercher son mouchoir ou sa tabatière, puis les deux mains jointes par l'extrémité dos-à-dos en les séparant avec force en regardant autour de soi disant plus plus il est perdu.

Père. s. faire sortir de devant soi les mains jointes, s. masculin.

Péremption. s. preuve, en portant l'index au milieu de la paume gauche voyez s. rien à répondre.

Perfection. s. par, s. fait, s. bien.

Perfectionner. Même s. y ajouter s. excellent lequel s'exécute en portant la main au dessus de la tête après avoir fait le s. bon.

Perfide. s. embrasser d'un air loyal et en même temps saisir son homme.

Péricliter. s. flots agités, s. crainte d'être submergé.

Péril. s. quelque chose suspendu, passerai-je, non peut tomber et faire mourir, s. reculer.

Périphrase. s. phrase qui s'exprime ainsi, paroles sur paroles et faisant un cercle, les rassembler, s. expliquer.

Périphraser. Dire en plusieurs mots ce qui se peut dire en un ou deux, il faut donner un exemple, Dieu le créateur du ciel et de la terre.

Périr. s. perdre tout à fait, s. rouler ses deux poings l'un sur l'autre en descendant, puis présenter en bas les deux mains comme pour exprimer perdre.

Permettre. s. demander, s. acquiescement de tête en présentant devant soi le revers de la main comme pour autre.

Permuter. Changer une cure pour un canonicat, je quitte mon étole vous la prenez, je prends votre aumusse.

Pernicieux. s. méchant, s. conduire à la perte en roulant les mains vers un gouffre.

Perpétuel. s. qui dure toujours.

Perpétuer. Même s. puis s. du présent à plusieurs fois pour exprimer, cela demeure, ensuite on conduit devant soi le *p manuel.*

Perplexité. s. peine d'esprit, s. toujours avec l'air d'une personne inquiète.

Persécuter. s. trancher la tête, précipiter dans le feu, arracher la langue, les yeux, etc. pour J.-C.

Persévérance. s. pendant, à plusieurs pauses, s. jusqu'à la fin.

Persister. Demeurer ferme dans son sentiment, s. 2 fois le s. du présent, s. frapper du pied en agitant les mains en disant oui, oui.

Personnage. s. personne, s. grand mérite.

Personne (une). s. on montre un homme ou une femme ; 2e sens, il n'y a personne, s. personne, s. rien.

Personnifier. s. parler des choses comme si elles étaient des personnes, par exemple, ce prophète personnifie le soleil, la lune, les étoiles en les invitant à louer Dieu, s. faire, s. personne.

Persuader. Quelqu'un ne croit pas, ensuite raisonner avec lui, *r man.* agiter devant le front, argumenter contre lui, croyez-vous, recommencer à argoter et lui faire dire, oui je crois, je vois la vérité.

Pervertir. s. voie du salut, cœur tourné vers Dieu, s. cœur gâté, se détourner et prendre une autre route, opposée au salut.

Peser. s. nat. de peser avec des balances.

Pétiller. s. feu qui jette des étincelles avec bruit, s. pla pla, en se frappant l'oreille avec l'index.

Petit. s. approcher la main de la terre en disant petit petit.

Pétrifier. s. de, s. venir, s. pierre.

Pétrir. s. eau, farine mêlées ensemble que l'on pétrit avec les poings fermés.

Peu a peu. s. on montre le s. peu en appuyant le pouce sur presque l'extrémité du troisième doigt et on avance insensiblement l'index devant soi en faisant plusieurs pauses.

Peuple. s. assemblage, grand, petit, jeune et vieux.

Peupler. s. décrire un lieu, s. naître, étendre les mains de tous côtés, s. beaucoup hommes, femmes, grands et petits.

Peur. s. porter l'index au cœur et tremblotter en agitant un peu vers soi les deux poings fermés.

Peut-être. s. peu, s. être en y joignant le s. naturel.

Phénomène. s. regarder le ciel, le s. apercevoir, s. ah !

Philosopher. s. science, s. raisonner, s. argumenter contre les autres, terre, les astres, l'esprit, etc.

Physionomie. s. l'air et les traits du visage.

Physique. s. science des choses naturelles, des racines, métaux, etc.

Piailler. s. nat. de crier comme un petit enfant.

Picoter. s. nat. de se frapper à plusieurs points la peau tout doucement avec l'index, s. d'une chemise de laine.

Piété. s. de pieux, substantif.

Pieux. s. mains jointes, yeux baissés, recueillement, prière.

Piler. s. nat. dans un mortier.

Piège. Tendre des lacets de crin, y mettre du pain, et représenter l'oiseau pris par la patte et qui fait des efforts pour s'en aller.

Pile. Représenter des écus de 6 fr. en pile.

Piloter. s. gouverner à droite et à gauche un vaisseau, s. enfoncer des pieux dans l'eau et bâtir dessus.

Pimpan. s. aimer les beaux habits, se carrer.

Pincer. s. nat.

Piocher. s. nat.

Piquer. s. nat. au figuré, s. cœur en montrant dans les yeux la colère.

Pirate. s. mer, s. voleur.

Pire. s. plus mauvais, plus méchant.

Pirouetter. s. nat. de faire la pirouette sur le talon.

Pitié. s. air de compassion et hausser les épaules.

Placarder. s. tu es un assassin, un voleur, un ivrogne, s. écrire, s. afficher.

Placer s. cercle et mettre dans le milieu les deux mains l'une sur l'autre.

Placer. Même s. puis chasser une chose de l'index et y substituer un autre.

PLACET. s. roi, s. présenter un papier, s. demander.

PLAFONNER. s. prendre du plâtre avec une truelle, le jeter en haut de la chambre, l'arranger artistement.

PLAIDER. s. avocats en grands rabats, robe, portant la queue, s. parler contre un autre, on montre les deux avocats, pour et contre.

PLAINDRE. s. joindre les mains, élever les yeux au ciel en regardant quelqu'un avec un air de compassion.

PLAINDRE (SE). s. le bras plié on remue l'un et l'autre coude avec un air de chagrin, en disant ah, ah, d'un air douloureux.

PLAIRE. s. se passer légèrement la main sous le menton avec un air de complaisance, s. cœur et se frotter les mains, regarder la personne avec des yeux d'amitié, et lui faire politesse de la main.

PLAIRE (SE). Trouver du plaisir, aimer à avoir ou à faire quelque chose, s. plaire, s. plaisir, s. à.

PLAISIRS. s. visage allongé point, s. rire, se frotter les mains, *p man.*

PLAISANTER. Dire quelque chose pour rire ou pour faire rire, pour ex. je dis aux sourds et muets vous êtes docteur ou âne, s. docteur, ou âne, s. rire en approchant les deux index des lèvres.

PLANCHER. Le montrer.

PLANER. s. oiseau qui bat rapidement des ailes, en s'élevant dans les airs, bien haut, bien haut.

PLANTER. s. nat.

PLAQUER. s. nat.

PLATRER. s. nat.

Pleurer. s. larmes, s. essuyer les yeux.
Pleuvoir. s. agiter les index perpendiculairement au dessus de la tête.
Plier. s. nat. de plier un linge.
Plisser. s. faire plusieurs plis à côté les uns des autres, on montre quelque chose de plissé.
Plomber. s. nat.
Plonger. s. prononcer eau, enfoncer la main droite perpendiculairement, puis s. reparaît.
Pluie. s. agiter les deux index un peu élevés et dirigés vers la terre, ensuite porter la main à son habit et le montrer mouillé.
Plumage. s. toutes les plumes d'un oiseau.
Plumer. s. nat.
Plus (comparatif). *p man.* en élevant le bras
Poche. s. nat.
Pocher. s. nat. de couvrir une lettre d'encre.
Poésie. Art de faire des vers.
Poëte. Celui qui fait des vers.
Poids. s. tenir un balance et prendre des poids pour y mettre,
Poignarder. s. petit couteau tiré en cachette, enfoncer dans le sein, s. mort.
Poindre. s. commencer à paraître, pour ex. le soleil sur l'horizon les herbes au printemps.
Point (pas). s. *p man.* secouer la main et montrer l'*o man.* pour distinguer de pas.
Point. On le fait avec l'index.
Pointer. s rendre quelque chose pointu, et frapper avec l'index en le dirigeant vers un point.
Pointiller. 1er sens, faire des petits trous comme dans une dentelle ou sur du papier avec une

épingle ; 2e sens, disputer pour rien en haussant les épaules.

POISSER. s. enduire quelque chose de poix.

POIVRER. s. petite graine qui pique la langue, faire la grimace, en mettre sur le plat.

POLI. s. rudesse point, manières honnêtes dans ses gestes.

POLICE. s. ordonner de balayer les rues, ramasser les neiges, etc.

POLIR. s. ternir sa tabatière avec son haleine, la frotter bien, la faire reluire.

POLIR (SE). Commencer par des manières brusques et grossières, être réprimandé, et puis prendre un air honnête, ne point entrer dans un appartement sans saluer, etc.

POLISSONNER. s. sauter dans les rues avec un air évaporé et se crotter ses bas.

POLITIQUER. s. raisonner, parler à plusieurs avec un air et des yeux occupés, s. paix les deux mains l'une dans l'autre et s. guerre qui est le même que le s. contre en faisant le s. pan, pan.

POMMADER. s. nat. d'écraser de la pommade dans ses mains et de s'en frotter les cheveux.

POMMER. s. choux, légumes, s. pomme.

POMPÉ. s. belle frisure, beaux habits, etc., s. vanité, en faisant le *v man.*, avec l'attitude d'une personne vaine.

POMPER. s. nat. d'une pompe aspirante, pour exemple, on pompe de l'eau avec une seringue en retirant le piston.

PONCTUER. s. mettre les points et les virgules.

PONTIFE. s. mître *p man.*, mais pour l'explication on

fait voir que ce mot vient de ce qu'à Rome les prélats gardaient les ponts.

Populace. s. peuple, s. vil en approchant la main de terre et la retournant avec un air de mépris, moi grand, noble, etc.

Porter. s. présenter en haut les deux paumes des mains devant sa poitrine.

Porter bien (se). s. tâter le pouls, s. bien, s. contre avec un air malade.

Portion. s. retirer le fricot de la marmite et en mettre sur les petits plats pour plusieurs.

Portrait. s. peindre, regarder la personne, s. même.

Poser. s. mettre la main gauche sur la droite avec précaution en l'ajustant, et frapper dessus comme pour la rendre solide.

Posséder. s. avoir, s. propriété en se frappant la poitrine comme pour moi.

Poster. s. avec l'index on prescrit à l'un de se tenir à tel endroit, à l'autre en un autre lieu.

Postuler. s. demander, s. désirer, s. ardeur, ce dernier s'exécute en faisant avec vivacité le s. de feu dans le cœur.

Potage. s. tranche de pain et verser du bouillon du pot.

Poudrer. s. nat.

Poularde. s. poule piot, piot, s. jeune et grasse.

Pour. s. porter l'index au front, ensuite le retourner droit devant soi pour marquer la vue et l'intention.

Pourquoi. s. pour, s. quoi, qui s'exécute en avançant le corps et les mains, hausser les épaules comme un homme qui est très occupé et qu'on vient interrompre et qui demande quoi! d'un air de mauvaise humeur.

Pourrir. s. prendre la peau de la main en montrant qu'elle se sépare aisément, se détourner le visage en se serrant le nez.

Poursuivre. s. courir après quelqu'un qui s'enfuit.

Pourvoir. s. donner pour, spécifier les différentes choses telles que l'habillement, la nourriture, etc.

Pourvu. s. pour, s. vu.

Pousser. s. nat.

Poussif. s. respirer, s. peine

Pouvoir. s. incliner les deux bras, les poings fermés vers la terre pour marquer la puissance.

Pratiquer (la vertu). s. faire, s. bien.

Préalable. s. faire avant de faire autre chose.

Précautionner. s. prendre d'avance, regarder le temps, il peut pleuvoir et prendre un parapluie.

Précéder. s. marcher, s. devant.

Précepte. s. commander, s. *p man.*

Prêcher. s. prêtre, s. de la croix et puis les gestes d'un prédicateur.

Précieux. s. frapper de l'index et du pouce dans la main gauche, s. bon, puis élever la main au dessus du front avec un air de complaisance.

Précipiter. s. tomber du haut d'une montagne, se rouler avec vitesse les deux poings les uns sur les autres, ensuite étendre les deux mains comme pour faire la culbute les mains tournées vers l'abîme.

Précis. s. heure qui sonne, arriver juste en frappant sur la table du tranchant de la main comme pour fin.

Prédécéder. s. mourir avant un autre.

Préconiser. Louer beaucoup une personne devant une autre, s. bien sans y joindre l'adverbe, et élever la main avec un air d'applaudissement.

Prédestiner. Destiner s. à, le s. pour, de toute éternité.

Prédire. s. dire, s. futur.

Préface. s. montrer le commencement d'un livre, s. discours avant ; 2e sens, pour la messe, le visage tourné vers l'autel les mains posées, les élever au *sursum corda*.

Préférer (aimer mieux). s. montrer deux choses que l'on considère en prendre une en élevant la main au-dessus de la tête, montrer par son geste la préférence qu'on lui donne, et que l'autre ne vaut pas tant.

Préjudicier. s. faire, s. mal, ou tort, en prenant rapidement et élevant la main, *t man.*, s. à quelqu'un.

Préjuger. s. intérieur en passant l'index dans sa robe, s. juger, s. avant.

Prélat. s. évêque gros et gras, air de majesté en marchant.

Prélever. s. lever, s. avant.

Préluder. s. jouer avant, on montre l'archet d'un violon, on joue pour éprouver si les cordes sont d'accord, on recommence à plusieurs fois.

Préméditer. s. méditer qui s'exprime en appuyant la tête avec la main, en fermant les yeux et les ouvrant de temps en temps, s. avant.

Prémices. s. fruits, s. premiers.

Prémunier. s. prendre, s. avant.

Prendre. s. nat. de prendre avec la main droite en fermant les doigts.

Préoccuper. s. penser, s. avant.

Préparer (se). s. présenter les deux mains comme si on rangeait quelque chose avec ordre et précaution, *p man.*

Préparer le diner. s. préparer les fricots et les plats.

Préposer. s. poser avant, s. pouvoir.

Prescrire. s. écrire, s. avant, s. commandement.

Présence. s. du présent, et les deux paumes de la main présentées du côté opposé.

Présenter. s. offrir, montrer, présenter le dedans des deux mains devant quelque chose.

Présenter (se). s. venir devant quelqu'un en faisant un salut.

Préserver. s. mettre les mains devant quelqu'un pour parer le coup.

Présider. Indiquer le coin d'une salle, s. juges assis à l'entour mais plus bas, s. premier.

Presque. s. près, s. que.

Presser. s. foule en sortant d'une église où d'ailleurs ; 2e sens, vite, vite, en poussant la personne, ne soyez pas un instant.

Presser (se). Faire une chose avec le plus grand empressement en quelque sorte tout hors d'haleine.

Pressurer. s. nat. des raisins ou d'autres fruits sous le pressoir.

Présumer. s. penser trop bien de soi, moi savant, moi docteur avec un geste de complaisance ; 2e sens, s. air indécis, peut-être il pleuvra.

Présupposer. s. avant, s. sur, s. poser.

Prétendre. 1er sens (croire avoir droit à quelque chose), s. mon père est mort, à moi tout cela, j'y ai droit, en frappant fortement sur la table de l'index d'un air décidé ; 2e sens (prétendre à quelque place), s. désirer. — 3e sens (soutenir une assertion), s. oui, oui, cela est vrai, doute pas.

Prêter. s. nat. prêter un couteau et dire vous me le rendrez.

Prétexter. s. j'ai eu mal à la tête, ma maîtresse a eu besoin de moi, je n'ai pas pu venir à la classe et puis faire la grimace par derrière.

Prêtre. s. étole croisée sur la poitrine.

Prévaloir (se). s. valoir plus avec un air fier et hautain, moi savante, elle bourrique.

Prévariquer. Agir contre le devoir de sa charge, s. juge qui reçoit des présents pour condamner un innocent.

Prévenir. s. venir, s. avant.

Prévenir (se). s. juger sans avoir bien examiné.

Prévoir. s. voir, s. avant.

Prier. s. joindre les mains, lever les yeux au ciel remuer les lèvres avec l'air du visage d'un homme qui prie.

Primer. s. être assis plus haut que les autres, s. premier.

Prince. s. cordon.

Principal. s. chef premier, d'où tout découle, portant la main au dessus de la tête comme pour tourner un robinet.

Principe. s. règle pour faire, s. première.

PRISER. s. telle chose tel prix frappant dans sa main avec une inclination de tête vaut tant.

PRIVER. Un enfant demande à se promener à jouer, non non vous n'avez pas bien travaillé vous n'irez pas.

PRIVILÈGE. s. roi écrire, s. permettre à vous seul de vendre de... d'autre pas.

PRIX. s. nat. cela vaut tant ou me coûte tant, en frappant du revers de l'index et du doigt du milieu dans la main.

PROBABLE. s. doute, oui, oui, adj. possible.

PROBITÉ. s. faire, s. mal, s. point, s. porter la main sur la conscience, s. bonne.

PROBLÈME. s. proposition difficile, s. peut-être oui, peut-être non ; 2e sens, proposition difficile, s. expliquer en tirant des plis.

PROCÉDER. s. esprit saint, s. venir du père et du fils ; 2e sens, pour procès, les deux index opposés, s. plaider en faisant, s. avocats en grands rabats, portant la queue, s. parler contre un autre, on montre les deux avocats pour et contre.

PROCHAIN. s. porter la main droite proche du coude gauche, s. homme, s. tout le mode.

PROCHE. s. on approche la main droite du coude gauche sans cependant le toucher.

PROCLAMER. Publier hautement, élever en haut et autour de soi le *p man.*

PROCUREUR. s. faire avoir, s. donner et on indique la chose.

PROCUREUR. s. grand rabat, robe, plaidant, écrire, s. homme.

PRODIGE. s. présenter les deux paumes des mains

l'une devant l'autre avec l'air de dire oh, oh, et faire un cercle dans l'air pour montrer qu'il s'y fond.

PRODIGUER. s. donner beaucoup d'argent à tort à travers, ça et là, à boire, à jouer, s. bo je m'en moque, en levant les bras avec l'air d'une personne sans souci, puis fouiller dans sa poche, reste rien et avoir l'air penaud.

PRODUIRE. s. faire, s. croître en faisant sortir doucement de la main gauche presque fermée les doigts réunis de la main droite.

PROFANER. s. chose sainte, corps de J.-C. fouler aux pieds.

PROFESSER. Enseigner un art ou une science, s. docteur, s. parler à beaucoup de monde, tournant la tête avec gravité tantôt vers un point tantôt vers un autre, s. commander ; 2e sens, la religion, s. dire tout haut devant tout le monde oui, oui, je crois en notre seigneur Jésus Christ.

PROFITER. s. fruit, tirer à soi, s. bon pour.

PROFUSION. s. donner de l'argent de tous côtés, s. trop.

PROGRÈS. s. avancer de plus en plus.

PROJETER. s. porter la main sur le front et méditer, s. pour, s. avant.

PROLONGER. On conduit l'index droit le long du bras gauche à commencer de l'extrémité de la main gauche, mais à diverses reprises en faisant plusieurs petites pauses.

PROMENER. s. nat.

PROMETTRE. s. poser la main gauche sur la poitrine et étendre la main droite ouverte le dedans tourné vers la terre l'agitant un peu comme pour dire oui, oui, je vous promets.

PROMOUVOIR. s. élever en présentant le dedans des deux mains qu'on élève successivement, s. quelqu'un, s. à, distinguer etc.

PROMULGUER. s. publier, s. lois, que l'on explique en montrant les deux tables de la loi.

PRÔNER. s. Étole. s. de la croix, s. lire, s. prêcher.

PRONONCER. 1er sens, s. nat. d'articuler distinctement ; 2e sens, prononcer une sentence, même s. radical ; 3e jugement en tenant de la main gauche une balance et de la main droite s. commandement, adverbe.

PRONOSTIQUER. s. examiner, s. peut être, s. sera.

PROPHÈTE. s. prêcher, s. voir l'avenir comme avec une lorgnette. s. future.

PROPICE. s. de douleur les yeux au ciel air de demander cœur compatissant, s. pour.

PROPORTION. s. joindre les deux index, en faire passer un, puis le remettre de niveau, les élever, ou les abaisser par gradation.

PROPORTIONNER. même s.

PROPOS. s. pour, s. poser, s. à venir.

PROPOSITION. s. nat. de demander à quelqu'un s'il veut venir, faire, acheter, etc.

PROPRE (appartient). Se frapper la poitrine à plusieurs reprises comme pour moi ; 2e sens, sale pas, avec un air riant passer la main sur l'objet.

PROPRIÉTÉ. même s. qu'au premier sens, adj. substantifié.

PROROGER. s. donner encore 8 ou 15 jours, s. pour.

Proscrire. s. écrire, commandement, s. envoyer, s. dehors.

Prosélyte. s. convertir, s. nouveau.

Prospérer. s. continuer, s. faire jusqu'à la fin, s. bien.

Prosterner. s. mettre la main gauche sur sa poitrine comme pour moi, s. étendre la main droite en l'agitant un peu sur la personne avec l'air naturel de dire je vous protège.

Protester. 1er sens, assurer fortement ; 2e sens, promettre à Dieu mensonge pas ; 3e sens, opposé à, s. contre et puis présenter la main comme pour empêcher quelque chose ou quelqu'un.

Provenir. s. venir, s. de.

Proverbe. s. parole, s. simple, aisée.

Providence. s, pour, s. voir tout.

Province. s. décrire un terrain un peu grand, *p man.*

Provoquer. s. exister, s. à.

Prouver. Si vous doutez, s. frapper la table du *v. man.* et porter ce même *v* sur la main gauche s. voyez avec vivacité.

Prudence. s. air réfléchi combiner ce qu'il faut faire ou ne pas faire.

Psalmodier. s. psaume, s. réciter.

Psaume. s. porter l'antienne, s. entonner, s. substantif.

Publier. s. porter à la bouche le *p. man.* et élever la main ; agiter à plusieurs points de droite à gauche comme font ceux qui publient, dans les rues, les arrêts du parlement, s. trompette.

Pudeur. s. air de modestie, rouge monter au visage.

Puer, s. porter les deux doigts sous le nez faire la grimace et détourner la tête.

Puiser. s. nat. de tirer de l'eau d'un puits.

Puisque. s. posé, que.

Punir. Faire souffrir quelque supplice, s. faire, s. souffrir.

Pureté. s. modestie, tache point.

Purgatoire. s. lieu séparé, s. feu et souffrir, s. expier ses péchés.

Purger. s. médecine.

Purifier. s. faire, s. montrer les taches sur la main gauche, passer la droite par dessus, s. plus rien.

Pusillanimité. s. petit esprit, s. craint et tremblotte pour rien.

Putréfier. s. corps dans la terre, s. morceaux qui se séparent, rongés par les vers, s. sent mauvais.

Q

Quadrupler. Ajouter trois fois autant au premier nombre.

Qualifier. s. faire, s. titre écrivant sur la main du haut en bas, s. honneur.

Qualité. Le signe d'adjectif répété plusieurs fois, substantif.

Quand. s. jeter les yeux derrière soi, ensuite sur soi-même, après cela devant soi, le présent, le passé, le futur.

Quarteron. s. peser une livre, la partager en quatre, et prendre la quatrième partie.

Quatre-temps. s. quatre, temps.

Que (interrogatif). s. d'interrogation, s. de conjonction, parce qu'il est toujours uni à ses verbes.

Que (admiratif). On élève les deux mains devant soi les deux index en forme de crochets, et le s. d'admiration.

Quel (signifie quel homme). On ne regarde que les hommes, s. interr. masculin.

Quelle. Même s. fém.

Quereller. s. brusquer en présentant les mains d'un air rechigné.

Questionner. s. nat. de faire à quelqu'un des demandes comme si on les soupçonnait.

Quêter. s. présenter une bourse ouverte à plusieurs personnes.

Qui. Je regarde toutes les personnes qui m'environnent et je fais le s. naturel d'interrogation.

Quiconque. s. montrer toutes les personnes, s. tout, s. masc., fém.

Quittancer. s. donner quittance à celui qui paye ce qu'il doit.

Quitter. s. saluer par une inclination de tête, tourner et s'en aller.

Quoi. s. avancer le corps et les mains, hausser les épaules comme un homme qui est très occupé et qu'on vient interrompre et qui demande quoi d'un air de mauvaise humeur.

Quoique. s. quoi, s. que.

R

Note. Pour tous les réduplicatifs, on fait le signe du verbe qui n'est pas composé en y joignant à ce signe l'r manuel, par exemple rabaisser, on fait le signe abaisser avec l'r manuel.

Rabaisser. s. abaisser de plus en plus, s. abaisser.
Rabattre. s. abattre de nouveau.
Rabin. s. docteur, s. juif, barbe, circoncis.
Raboter. s. naturel.
Raccommoder. Raccommoder quelque chose de déchirée, s. nat.
Raccorder. Accorder un violon, s. nat., un différend porter à l'un et à l'autre.
Raccourcir. s. accourcir de nouveau un tablier trop long.
Raccrocher. s. nat. d'accrocher une estampe, sa jupe.
Race. s. Dégénération *r man.*
Racheter. Acheter deux fois ; 2e sens, J.-C. mort attaché à la croix, s. payer pour nous, s. rompre les liens.
Racine. s. arracher une plante, s. râcler.
Racler. s. nat. de râcler une roue.
Racoler. Arrêter par le bras ceux qui passent, voulez-vous être soldats.
Raconter. s. dire une chose passée, s. parfait.
Racornir. s. rouler en forme de cornet, par exemple le cuir, le parchemin au feu.
Radieux. s. reflets de lumière de tous côtés qui éblouissent.

RADOTER, s. vieille, s. parler toujours en montrant que la tête n'y est plus.

RADOUCIR. On porte l'index au palais et on fait la grimace comme d'une chose amère, on fait comme si on y mettait du sucre, puis reporter l'index à la bouche, s. bon, bon.

RAFFERMIR. s. nat. d'une chose qui branlait, la rendre solide.

RAFFINER. s. râper du sucre, pas assez fin, le broyer, en prendre dans ses doigts, le laisser tomber en disant fin, fin, fin ; au figuré, s. esprit, s. subtil.

RAFFRAICHIR. s. montrer la sueur sur le front, faire du vent comme si on tenait un éventail et prononcer ah, ah.

RAGE. s. air furieux, écumer et mordre.

RAGOUTER, s. porter les doigts à la sauce, de là à la bouche et goûter, pas bon, pas bon, rassaisonner, s. bon, bon.

RAJEUNIR. s. vieillard tout courbé, puis se redresser avec un air de jeunesse, *j manuel.*

RAILLER. s. rire devant quelqu'un avec un air moqueur, s. en allongeant les bras comme pour le narguer en disant bo.

RAISONNER. Examiner, discuter une question, s. regarder successivement les deux mains formant l'*r manuel*, les agiter successivement devant le front d'un air réfléchi.

RALENTIR. s. marcher d'abord vite puis se modérer.

RALER. s. imiter une personne qui se meurt et qui respire avec peine.

RALLIER. s. soldats dispersés ça et là, les rappeler et les rassembler.

Rallonger. s. nat. de rallonger une jupe.

Rallumer. s. souffler le feu, s. éteindre, s. souffler une seconde fois.

Ramage. s. assemblée d'oiseaux, s. chanter.

Ramager. s. oiseau dans la main, le caresser, chanter bi bi bi en frappant de l'index sur la gorge pour montrer le mouvement.

Ramaigrir. Se prendre les joues à pleines mains et y enfoncer les doigts pour montrer qu'elles sont maigres.

Ramender. s. coûter moins, le pain valait trois sols, il ne vaut plus que deux sols, il est ramendé.

Ramasser. s. quelque chose qu'on relève de terre.

Ramener. s. prendre quelqu'un par la main, le conduire en quelque lieu, revenir et mener à l'endroit où l'on était parti, avec l'*r manuel*.

Ramer. s. nat. des bateliers pour faire avancer leurs bateaux.

Ramollir. s. de la cire en l'approchant du feu, ou du pain dur, le mettre au feu et montrer qu'il amollit.

Ramonner. s. cheminée monter dedans et gratter la suie pour la faire tomber.

Ramper. s. avec le dedans de la main imiter le serpent et le ver.

Rançonner. s. payer, s. trop, *t man.* en élevant subitement la main avec un air de mécontentement.

Rancune. s. remuer la tête avec un air rechigné comme pour dire tu me le payeras, s. souvenir.

Ranger. s. nat. de ranger des livres, des chaises.

Ranimer. 1er sens, s. mort, redonner la vie ; 2e sens,

courage abattu, s. pousser quelqu'un, allons, allons.

RAPAREILLER. s. regarder des bas, en prendre deux, s. même et les mettre ensemble.

RAPER. s. nat. de râper du sucre ou du tabac.

RAPETASSER. Mettre pièce sur pièce.

RAPETISSER. s. grand, plier les genoux, s'abaisser vers la terre.

RAPIDE. s. couler avec vitesse.

RAPIÉCETER. s. montrer des trous à sa robe, prendre des pièces et les y coudre.

RAPINER. s. voler avec adresse en cachette et petit à petit.

RAPPELER. 1er sens, faire signe à quelqu'un de venir, s. nat.; 2e sens, appeler d'un tribunal à un autre, s. jugé par des magistrats, puis tourner le dos et se présenter à d'autres magistrats plus grands.

RAPPELER (SE). s. souvenir.

RAPPORTER. s. prendre une chose dans un endroit et la rapporter au même lieu.

RAPPRENDRE. s. apprendre, s. oublier, s. apprendre une seconde fois.

RAPPROCHER. s. approcher deux fois.

RARÉFIER. s. air chaud, corps qui se dilate en montrant avec les deux mains que son corps s'étend, en quelque sorte s'élargit.

RAREMENT. s. une, deux, trois fois, s. peu, adjectif adverbe.

RASER. s. nat. 2e sens, une ville, une maison, renverser par les fondements comme si on fauchait de l'herbe.

Rassasier. s. faim, s. manger, se frapper le ventre des deux mains d'un air de satisfaction comme pour dire j'ai bien dîné.

Rassembler. s. assembler, se séparer et s'assembler une seconde fois.

Rasseoir. s. s'asseoir, s. se lever et s'asseoir une seconde fois.

Rassurer. s. trembler, agiter légèrement les deux mains devant la personne en se redressant un peu pour montrer de l'assurance.

Ratatiner. s. cuir jeté dans le feu, s. plier les doigts pour exprimer les différents replis du cuir brûlé.

Rater. s. fusil couché en joue, le débander, regarder l'amorce, s. ne part pas.

Ratifier. s. regarder un écrit, le lire, s. oui de la tête et y mettre sa signature.

Ratiser. s. raccommoder le feu en rapprochant les tisons.

Ratisser. s. nat. de racler des racines avec un couteau.

Rattacher. s. détacher, s. attacher une seconde fois.

Rattraper. s. oiseau qui s'échappe des mains, on court après et on met la main dessus.

Raturer. s. écrire et passer sur l'écriture un trait de plume.

Ravager. s. campagne où l'on montre les épis agités, s. ennemi qui les foule aux pieds à droite et à gauche.

Ravaler. s. avaler, *r man.*; 2e sens, abaisser quelqu'un, humilier.

Ravauder. s. des bas percés, s. raccommoder; s. prendre quelque chose de la main avec violence.

Ravir. Admiration même, s. montrer sa joie se frotter les mains.

Raviser (se). s. changer d'avis, s. porter les deux index devant le front avec un air de combinaison et puis mettre à plusieurs reprises les mains l'une sur l'autre pour exprimer le changement.

Rayer. s. nat. de faire une raie avec une règle; au figuré, s. effacer, les noms des pécheurs seront rayés du livre de vie.

Rayonner. s. briller, s. tracer de l'index des rayons qui éblouissent.

Réaliser. J'avais promis de vous donner quelque chose, je vous la donne, je réalise ma promesse.

Rebatir. s. bâtir en posant les mains l'une sur l'autre à différents points et toujours en montant, puis représenter avec les deux mains le comble.

Rebeller (se). s. on montre un seul, vous commander, je n'obéirai pas, je n'en ferai rien. — *Se révolter*, même s. mais on fait voir qu'il s'agit de plusieurs qui s'attroupent et se révoltent.

Rebondir. s. faire plusieurs bonds comme les balles.

Rebrousser. s. retourner sur ses pas, ou bien rebrousser le poil d'un chat.

Rebuter. s. repousser d'un air brusque quelqu'un qui veut vous parler.

REBUTER (SE). s. commencer à travailler, à étudier, à écrire, puis d'un air inquiet je ne veux pas et rejeter bien loin de soi ses livres et ses cahiers.

RÉCAPITULER. s. faire un discours, s. long, puis à deux ou trois fois faire comme si on assemblait les paroles dans un petit espace, s. d'abréger, s. fin.

RECÉLER. s. quelqu'un vole ou m'apporte la chose volée, je la cache ou bien je cache le voleur lui-même.

RÉCENT. s. arriver, s. présenter devant soi les mains sur la table et retirer la droite un peu sur l'épaule.

RECEVOIR. s. étendre la main creusée et la rapprocher vers soi en faisant un demi-cercle.

RÉCHAPPER. s. échapper. *r manuel.*

RECHERCHER. s. chercher *r manuel.*

RECHIGNER. s. froncer les sourcils, faire une mine piteuse et marmoter.

RÉCIDIVER. s. Faire mal ou péché deux fois.

RÉCIPROQUE. s. de vous à moi, de moi à vous, adj., *r man.*

RÉCITER. s. on représente quelqu'un devant un livre, puis un autre qui remue les lèvres.

RÉCLAMER. 1er sens, je suis dans la peine, venez à mon secours ; 2e sens, demander ce qui est à soi, s. vous m'avez pris telle chose c'est à moi, en présentant les mains avec un air d'intérêt et de vivacité.

RÉCLURE. s. grille, s. guimpe, s. fermer dedans.

RECOLLER. s. coller, *v. man.* ; 2e sens entendre des témoins une seconde fois.

RECOMMANDER, s, commandement, s. *r manuel*; 2° sens, les mains jointes d'un air suppliant, on présente quelqu'un, s. protégez-le.

RECOMMENCER. s. commencer en faisant passer l'index droit entre l'index et le troisième doigt de la main gauche, *r manuel*.

RÉCOMPENSER. s. étudiez, écrivez bien je vous donnerai un livre, ou donner de l'argent d'un air de satisfaction.

RÉCONCILIER. s. contre les deux index opposés, s. les deux mains l'une dans l'autre et s'embrasser.

RECONDUIRE. s. conduire en prenant quelqu'un de la main droite et de la main gauche, *r manuel*.

RÉCONFORTER. s. faiblesse et langueur, s. boire et on revient.

RECONFRONTER. s. entendre les témoins et les accusés les uns devant les autres.

RECONNAISSANCE. s. reconnaître, s. remercier et saluer avec les deux mains.

RECONNAITRE. s. présenter avec vivacité le dedans de la main et marquer par les yeux et l'air du visage, ah oui! je vous connais, *r manuel*.

RECONNAITRE (SE) rentrer en soi-même, s. reconnaître, frapper la poitrine, lever les yeux au ciel.

RECOPIER. s. copier, *r manuel*.

RECOURIR A QUELQU'UN. s. courir, s. supplier avec ardeur.

RECOUVRER. s. perdu, on cherche, ah! le voilà.

RECOUVRIR. s. couvrir, *r manuel*.

RÉCRÉER. s. fermer ses livres, jouer à différents jeux et se frotter les mains.

Récrier. s. crier en mettant tous les doigts réunis dans sa bouche et ensuite les retirer avec vivacité et l'enlever vers le ciel en ouvrant la bouche bien grande comme si on voulait crier, *r man.*

Récriminer. Accuser celui qui vous accuse, vous dites que je suis une voleuse non, c'est vous qui l'êtes.

Récrire. s. écrire, *r man.*

Recruter. s. s'adresser à plusieurs, voulez-vous être soldats, s. donner de l'argent et mettre la cocarde.

Rectifier. Faire droit, s. écrire pas bien, on efface et on récrit.

Recueillir. s. nat. de cueillir un fruit ou une fleur, *r man.*

Reculer. s. nat. d'aller en arrière.

Récupérer. Gagner d'un côté plus qu'on a perdu de l'autre, ma terre n'a point produit de blé, mais elle a produit beaucoup de raisin.

Récuser. s. juges ou témoins, s. je n'en veux pas, s. d'autres.

Rédemption. s. poings liés et compter de l'argent, payer une seconde fois, s. liberté *r man.*

Redoubler, s. doubler un habit, *r man.* ; 2e sens, frapper doucement et puis multiplier les coups.

Redouter. s. doute en faisant si dubitatif à l'infinitif, craindre plus fort que soi, *r man.*

Redresser. s. rendre droit ce qui ne l'est pas.

Réduire. En approchant les deux mains, comprimer quelque chose, faire petit ; 2e sens, réduire quelqu'un, tenir les deux poings fermés vers la terre comme si on voulait forcer de mettre à genoux un enfant qui ne le veut pas.

Réellement, s. oui, oui, oui, *r man*.

Référer. Rapporter en justice l'examen d'une cause.

Réfléchir. s. placer le tranchant de la main droite sur la paume de la main gauche, ensuite l'autre côté, puis s'appuyer le front pour penser, tourner encore les tranchants des mains, ensuite penser de rechef ; 2° sens, présenter un miroir au soleil et montrer que les rayons réfléchissent.

Réformer. s. former de la main droite, se frapper à différents endroits le dessus de la main gauche, comme si on voulait donner une forme à de l'argile, *v. man*.

Réfréner. s. Frein, tenir une bride au figuré, s. passions.

Réfrogner (se). s. Faire des rides sur son visage, ou des plis sur son front.

Refroidir. Au naturel, chaud pas ; au fig. : amitié qui était d'abord vive et ensuite languissante.

Réfugier (se), s. Être poursuivi de quelqu'un et se cacher bien vite en regardant si on est aperçu.

Refuser. s. on nous demande ou on veut nous demander quelque chose, s. je ne veux pas.

Régaler. s. égale en faisant passer les deux index et les mettant de niveau, *r man*, s. beaucoup de plats, bon.

Regarder. Le *v* porter aux yeux, le retirer promptement et à plusieurs reprises, et le porter sur un objet déterminé.

Régénérer, s. naître à deux fois les unes sur les autres, s. en J.-C.

Regenter. s. écoliers, cahiers sous le bras, s. enseigner, *r man.* ; qu'on promène à plusieurs points avec un air de gravité.

Régimber. s. cheval qui regimbe et qui recule quand on lui donne des coups de fouet.

Région. s. décrire un petit terrain, *r man.*

Régir. s. rêne, s. commandement, *r manuel.*

Registrer. s. grand cahier, s. écrire dessus.

Régler. s. avec les pouces et les deux index, on trace deux lignes.

Régner. s. couronne sur la tête, s. cordon bleu, étendre les mains pour exprimer la domination, s. commander.

Regretter. s. souvenir, passant la main sur le front, puis faire passer la main de derrière la tête devant, disant oui, oui, petit enfant mort la main sur le cœur, pousser des soupirs et lever les yeux au ciel.

Régulier. s. comme la règle.

Réhabiliter. s. mettre dans le même état, *r man.*

Rejaillir. s. nat. eau, ou sang qui rejaillit avec violence.

Rejetter. s. jeter, *r man.*

Reine. s. couronne, s. féminin.

Réintégrer. s. établir dans la possession, qui s'exécute en frappant la table du dedans des deux mains, s. commander, *r man.*

Rejoindre. s. joindre en joignant les mains, *r man.*

Réjouir. s. on vient de recevoir de l'argent, se

frotter les mains d'un air de contentement, *v. manuel.*

Réitérer. s. Faire une seconde fois, *r manuel.*

Relacher. Corps trop serré qui gêne, on se délace un peu, en disant ah !

Relargir. s. nat.

Reléguer. s. roi qui écrit et met son sceau, s. envoyer dehors au loin en étendant le bras pour montrer le lointain.

Relever. s. nat. de lever quelque chose de terre, *r man.*

Relier. s. couvrir de peau un livre.

Religieux. s. froc, cordon aux reins.

Religion. s. assemblage de bonnes choses écrites et dites de bouche en bouche.

Relique. s. ossements, s. encenser, s. baiser, *r man.*

Relire. s. lire une seconde fois.

Reluire. s. de lumière, infinitif.

Remarquer. On fait une marque avec le pouce ; au fig., s. esprit.

Remboiter. s. remettre les os en leur place.

Remédier. s. médecine, emplâtre, s. se porter bien.

Remener. s. mener d'une main une personne quelque part d'où elle était venue avec l' *r manuel.*

Remercier. s. nat. connu de tout le monde.

Remettre. s. mettre, s. nat. de mettre quelque chose sur une table, *r man.*, il signifie aussi, pardonner, différer, pour l'explication, on prête de l'argent à une personne pour dix jours, elle vient l'apporter on le prend et on lui remet.

Rérmmener. s. mener, en revenir et puis mener, en, *r man.*

Remontrer. s. montrer, présenter la main gauche ouverte et y porter l'index et le doigt du milieu, *r man.* ; 2e sens, prier humblement.

Remords. s. morsure de la conscience en portant le doigt au cœur.

Remplacer. s. place en faisant un cercle et posant au milieu le revers de la main, on montre qu'il y avait quelque chose qui est perdu, on y remet un autre.

Remplir. s. nat. d'emplir une bouteille jusqu'au gouleau.

Remporter. Emporter une seconde fois, s. en, s. porter, *r man.*

Remuer. s. nat. de remuer quelque chose.

Renaitre. s. naître, s. mère à l'infinitif, *r man.*

Renchérir, s. coûter plus, ex. : le pain valait 2 sols, il en vaut trois, il est renchéri.

Rencontrer. s. marcher, se présenter la main perpendiculairement avec l'air de dire ah ! vous voilà ! prendre la main en donnant le bon jour.

Rendormir (se). v. dormir, se réveiller, et puis dormir une deuxième fois.

Rendre. s. prendre, s. donner, *r man.*

Rendurcir (se). s. devenir dur, en frappant sur la table ; 2e sens, devenir plus méchant, même s., mais on ajoute, s. esprit, cœur.

Renfermer. s. en, s. former, s. *r man.*

Rengorger (se). Approcher le menton de la gorge avec un air d'orgueil.

Renier. s. maître, s. religion faisant le s. d'assemblages de bonnes choses écrites et dites de bouche en bouche, s. moi ne connais pas, en secouant la tête.

Renifler. s. petit enfant qui est morveux.

Rente. Argent reçu tous les ans.

Renoncer a une succession. s. bien, s. à moi, je n'en veux point, en montrant des mains et de la tête qu'on s'en soucie pas ; 2e sens, renoncer à ses passions, s. passions, pincer l'habit à l'endroit du cœur en s'inclinant du côté gauche, s. péché, s. faire, s. jamais.

Renouer. s. nouer, *r man.*

Renouveler. s. faire, s. nouveau en rassemblant tous les doigts de la main droite allongée et les faisant sortir perpendiculairement de la main gauche.

Rentrer. s. entrer en approchant l'extrémité des mains, on les sépare comme pour représenter une porte qui s'ouvre, ensuite on fait les mains rapprochées, *r man.*

Renverser. s. nat., de coucher quelqu'un par terre avec effort.

Renvoyer. Avec le revers de la main faire comme si on disait allez dehors, *r man.*

Repaitre (se). s. paître comme les moutons, *r man.*

Répandre. s. nat. de laisser tomber par terre de l'eau d'une certaine hauteur.

Réparer. s. dégât fait dans un certain endroit, au coin d'une muraille et y mettre des matériaux avec ordre.

Reparaitre. s. paraître, présenter la paulme de la main droite et poser la main gauche pour la soutenir, *r man.*

Repartir. Partir une seconde fois, s. partir, disant adieu avec la tête et galoper *r man.*

Repas. s plats sur la table, manger, *r man.*

Repasser. 1er sens. s. passer, passer la maison, à côté de soi, à plusieurs reprises : *r man* ; 2e sens ; s. nat. d'un enfant qui repasse son catéchisme ; 3e sens, s. nat., d'une lingère qui repasse avec un fer.

Repentir (se). s. péché, s. douleur, en portant la main sur le cœur.

Répéter. s. remuer les lèvres et faire une pause, s. fin, s. recommencer à les remuer encore, s. fin; etc.

Replacer. s. mettre une chose dans la place d'où on l'avait ôtée.

Répliquer. s. parole dirigée à l'oreille d'un autre avec le *p man.* ; il reparle, on lui renvoie des paroles, s. expliquer, faire avec ses deux mains comme si on tirait des plis.

Répondre. s. on me parle en m'envoyant des paroles à mon oreille, je réponds en envoyant aussi des paroles à celui qui m'en a envoyé.

Reporter. Porter une chose où elle était, s. porter, *r man.*

Reposer (se). s. beaucoup travailler, beaucoup marcher, je me repose.

Repousser. s. nat. de pousser, *r man.*

Reprendre. s. prendre, *r man.* ; 2e sens, d'un air mécontent, dire à quelqu'un cela n'est pas bien fait, vous ne vous conduisez pas bien, cela va mal.

Représenter. s. remontrer en prier humblement, s. tenir la place de quelqu'un au figuré; 2e sens, écrire dans la main et la présenter, *r man.*

Réprimander. s. d'une manière assez vive, dire à un enfant, pourquoi n'avez-vous pas étudié, travaillé, etc.

Réprimer. s. abaisser doucement vers la terre les deux mains l'une sur l'autre, *r man.*

Reprocher. s. d'une manière encore plus vive et plus animée que pour réprimander, dire à quelqu'un, ah! pourquoi avez vous fait cela, vous êtes un ingrat, etc.

Réprouver. s. rejetter qui se fait en poussant l'objet des deux mains avec indignation, s. feu, s. toujours, toujours fin point.

République. s. pays, s. roi pas, s. chacun qu'on appelle de tous côtés, s. gouverner en faisant, s. rêne, s. commandement, le s. de chacun, s'exécute en élévant le pouce perpendiculairement pour montrer un, ensuite on le promène à différents points par intervalle en décrivant un demi cercle.

Répugner. 1er sens, s. raison en regardant successivement les deux mains formant l'*r man.* les agiter successivement devant le front d'un air réfléchi, s. contre en opposant les deux index l'un contre l'autre ; 2e sens, répugner au goût, s. présenter un verre à la bouche et faire comme si le cœur se soulevait.

Réputation. s. bonne renommée, s. emboucher la trompette.

Réputer. s. penser, croire. *r man.*

Requérir. s. demander, s. j'ai droit en frappant sur la table.

Requête. s. juge lui présenter un papier, s. demander.

Réservér. s. faire comme si on séparait quelque chose, deux parts avec le tranchant de la main, ensuite, on reconduit vers soi la paume de la main, pour faire un tas, avec l'air naturel de dire, en serrant contre sa poitrine, pour moi cela, je me le réserve.

Résider. s. curé avec l'étole pastorale, s. terrain en décrivant une espace comme sur une table géographique, s. frapper des deux mains sur la table à deux fois pour exprimer demeurer, s. toujours.

Résigner. s. étole pastorale ou aumusse, s. écrire l'acte, s. donner à l'autre son étole ou son aumusse.

Résilier. s. écrire un acte, s. ne vaut rien, casser.

Résister. Présenter les deux mains à quelqu'un avec un air et le mouvement de résistance.

Résolution. s. agiter l'*r man.* devant le front comme pour combiner et marquer le doute, s. pas, ensuite on frappe sur la table d'un air décidé.

Résoudre. 1er sens, le feu résout le plomb, le bois ; 2e sens, prendre une résolution, s. les deux mains devant le front, contre balancer les raisons, et avec l'index oui c'est cela.

Respecter. s. élever perperdiculairement la main droite vis-à-vis la personne qu'on respecte en faisant l'*r man.* et s'abaissant soi-même devant elle en se retirant un peu.

Respirer. s. attirer l'air dans sa poitrine et l'en faire sortir.

Rassembler. s. considérer deux objets attentivement, s. être comme.

Ressentir. s. sentir, élever le cœur avec l'index à plusieurs reprises.

Resserrer. Serrer une seconde fois. *r man.*

Ressortir, s. sortir, *r manuel* ; 2e sens, dépendre d'un autre.

Ressource., s. source *r man.*, s. moyen de.

Ressouvenir. s. air rêveur et pensif, je ne m'en souviens pas, ensuite faire passer la main derrière la tête par devant, oui, oui, je m'en rappelle.

Ressusciter. s. mort, s. sortir du tombeau, s. vivant.

Restaurer. s. cœur affaibli, défaillance, s. boire et manger, s. forces revenues.

Rester. s. les deux mains sur la table faisant les deux *r man.*

Restituer. s. voler, s. rendre et compter de l'argent ; 2e sens, rétablir dans son premier état.

Restreindre. s. serrer étroitement, s. arrêter les rênes.

Résulter. s. sortir où venir, s. *de* préposition.

Résumer. s. discours, s. tracer une ligne tout du long, s. abréger en approchant le pouce et l'index.

Rétablir. s. établir en frappant la table du dedans des deux mains et faisant le signe commandement, *r man.*

Retarder. s. vient pas, longtemps.
Retenir. s. tenir, *r man.* et retenir à soi.
Retentir. s. bruit, bruit, s. se frapper l'oreille.
Rétif. s. donner de l'éperon à un cheval, s. reculer au lieu d'avancer.
Retirer. s. tirer à soi, *r man.*
Retomber. s. tomber *r man.*
Retordre. *r man.* et faire comme si on voulait tordre du fil.
Retorquer. s. paroles dirigées vers moi, je les prends et les rejette, s. contre vous.
Retourner. s. tourner avec la main. *r man.*, ou bien tourner un écu, retourner un jupon, s. nat.
Retracer. s. montrer une trace avec les pieds, *r man.*
Retracter. s. dire du bien, vous êtes bien savantes, s. dire le contraire, vous êtes bien bourriques.
Retrancher. s. trancher avec le tranchant de la main, *r man.*
Retrécir. s. un habit trop large, le couper et le mettre juste.
Rétrograder. s. retourner en arrière et pour exemple on peut montrer l'aiguille d'une montre qu'on fait rétrogarder, c'est-à-dire retarder.
Retrousser. s. nat. de retrousser sa robe.
Retrouver. s. trouver, *r man.*
Revanche. On montre un petit enfant attaqué par un homme fort et on prend sa défense, moi pour lui, je te rosserain ; 2° sens, on joue, on a perdu, vous ne vous en irez pas, je veux rejouer et on rebat les cartes.
Réveiller. s. secouer une personne qui dort.

Réveiller (se). s. dormir, ouvrir les yeux en étendant les bras.

Révéler. s. choses cachées les deux mains l'une sur l'autre, s. la découvrir. s. voyez.

Révélé de dieu. s. esprit ne voit pas, s. aller à tâtons en agitant les doigts sur le front, Dieu fait descendre dans mon esprit, je crois.

Revendiquer. s. demander avec instance et vivacité, s. cette chose est à moi.

Revenir. s. venir, *r man.*

Rêver. s. dormir, la tête penchée sur la main, les doigts lever perpendiculairement devant le front montrer l'agitation dans la tête, s. beaucoup d'argent dans la poche, se frotter le cœur, s. on se reveille, on cherche, on ne trouve rien, et on fait l'air penaud.

Réverbérer. s. d'un miroir qui renvoie des reflets de lumière.

Révérer. s. honorer beaucoup, en élevant l'*h man.* au-dessus du front avec un air de respect.

Revers. s. tourner la main *r man.* s. malheur.

Revêtir. s. d'habiller, mais on y ajoute le s. de dignité.

Reviser. Examiner de nouveau un compte, s. viser *r man.*

Réunir. s. unir *r man.*

Révolter (se). s. on montre plusieurs qui s'attroupent et se révoltent, vous commendez, nous n'obéirons pas, nous n'en ferons rien.

Révoquer. s. appeler, s. faire quelque chose, une donation, porter une sentence, s, rappeler, non non je ne veux plus.

Réussir. s. faire, s. fin, regarder ce que l'on a fait s. bien.

Rhétorique. s. art de bien parler.

Ricaner. s. rire avec éclat, de mauvaise grâce et à plusieurs reprises.

Riche. s. frapper sur le gousset ou sur la poche, faire sonner de l'argent, des écus beaucoup.

Rider. s. nat. de se rider le front.

Ridicule. s. mérite la risée.

Rien. s. on montre une bourse ou une tabatière dans lequel il n'y a rien, et avec le pouce droit qu'on porte au bord des dents on le retire promptement.

Rigueur. s. pardon point, s. punir avec un air de rebarbatif.

Rimer. s. vers qui se chantent, s. même fin, exemple :

L'homme doit discerner, s'il veut se rendre heureux.
Du plaisir innocent le plaisir dangereux.

Rire. s. nat.

Rincer. s. nat. de rincer des verres,

Risquer. Exposer à perdre, s. mettre de la marchandise sur un vaisseau, il périra peut-être, mais il faut risquer en avançant les bras devant soi d'un air qui dit il faut hasarder.

Rissoler. s. viande sur le feu, la peau se retire.

Rituel. s. livre, lire dedans en baptisant, donnant l'extrême-onction.

Rival. s. montrer un objet, s. deux courir après. s. opposés.

River. s. naturel de rabattre la pointe d'un clou.

Roder. s. aller en zig-zag de côtés et d'autres en regardant.

Rogner. s. couper tout au tour.

Roi. s. couronne, s. cordon bleu en faisant passer la main droite de dessus l'épaule droite sous le bras gauche en bandoulière.—*Reine*, s. couronne, s. féminin.

Roidir. s. faire l'action d'une poule que l'on tue, dont les pattes se roidissent, pour roide, on fait des efforts pour plier quelque chose, s. peux pas.

Rompre. s. d'un morceau de pain que l'on rompt.

Ronfler. s. nat.

Ronger. s. d'un chien qui ronge un os.

Rosée. s. matin, petite, petite pluie.

Roter. s. nat.

Rôtir. s. tourner la broche devant le feu.

Rouer. s. roue, s. étendre dessus un homme et lui rompre les bras, les jambes.

Rouge. s. montrer du rouge, le dedans de ses lèvres.

Rougir. se frotter les joues pour montrer la honte.

Rouiller. s. montrer une clef, y laisser tomber des gouttes d'eau. s. brille plus, et y passer le doigt pour montrer la rouille.

Rouler. s. rouler une boule, ou les deux bras l'un sur l'autre, avancer devant soi la main droite.

Roussir. s. repasser du linge avec un fer, puis tout à coup regarder son linge avec surprise, porter les doigts au nez, cela sent mauvais, s. trop chaud.

Royaume. s. couronne, s. cordon bleu, s. terrain en décrivant un cercle.

Rubrique. s. règle pour bréviaire et cérémonies.

Rude. s. toucher quelque chose de rude.

Ruer. s. nat. d'un cheval qui donne des coups de pied.

Rugir. s. montrer un visage courroucé, étendre sa mâchoire avec ses deux mains, pour laisser voir ses dents pour exprimer le rugissement.

Ruiner. s. argent beaucoup, belle maison, et d'un air de pitié montrer qu'on n'a rien ; 2e sens, santé en se frappant le pouls, bonne bonne, puis, boire, manger, danser, ensuite montrer ses forces languissantes, poitrine malade.

Ruisseler. Représenter dans le creux de la main un petit ruisseau, glou glou, qui serpente doucement de tous côtés.

Ruminer. Remanger ce qu'on a mangé, représenter les bœufs et les vaches dans les champs qui ruminent l'herbe, on peint au-dessus de la tête les cornes avec les pouces et les deux petits doigts ; 2e sens, rouler la main sur le front avec un air rêveur et pensif.

S

Sa. Passer devant soi la main droite ouverte adj. fém.

Sabbat. s. fête des juifs, s. repos.

Sabler. s. prendre du sable avec les doigts et en jetter sur du papier écrit en l'agitant ; on montre des allées de jardin, on y jette du sable qu'on foule aux pieds, s. promener crotte pas.

Sabrer. s. sabre au côté, lame large, s. donner des coups avec.

Saccager. s. tirer des coups de fusil de côtés et d'autres, piller à droite et à gauche, fouler aux pieds, et renverser les maisons, les brûler.

Sacerdoce. s. dignité, s. prêtre.

Sacrement. s. du signe, s. sensible en portant l'index aux sens de la vue, de l'ouie, de l'odorat.

Sacrer, s. faire les cérémonies de sacrer les mains des prêtres à l'ordination, s. bénédiction.

Sacrifice. s. oblation, immolation, s. couper la gorge.

Sacrifier. Même s.

Sacrilège. s. choses sacrées, précipitées à plusieurs fois et foulées aux pieds.

Sacristie. s. lieu, s. habiller pour les ornements sacerdotaux.

Sagacité, s. pénétration, en enfonçant l'index bien profondément sous sa robe, s. esprit.

Sagesse. On tient les deux mains parallèles à l'horizon, qu'on élève et qu'on abaisse légèrement pour marquer un air posé.

Saigner. s. coup de lancette, s. sang qui coule, ou bien saigner du nez.

Sain. s. regarder les bras et les mains, plaies point, s. passer la main par dessus pour montrer que tout est uni.

Saint. s. on élève la main vers le ciel pour montrer que les saints y sont, et un signe de respect.

Saisir. s. prendre tout à coup le bras de quelqu'un ; 2e sens, comprendre facilement.

Saison. s. 1er sens, hiver froid ; 2e sens, printemps, arbres qui reverdissent ; 3e sens, été chaud ; 4e sens, automne, recueillir les fruits.

Saler. s. broyer du sel en une salière et assaisonner les mets.

Salir. s. manger et laisser tomber sur ses habits et montrer sale.

Salle. Chambre de plein pied, tableau autour, recevoir la compagnie.

Salubre. s. air, s. donner la santé.

Saluer. s. naturel.

Salut. s. arracher de la puissance du démon et conduire au ciel, substantif se, s. se fait en saisissant les deux mains du côté gauche, on les conduit devant soi vers la droite, et avec les deux mains on montre la voie du ciel où l'on fait entrer.

Samedi. s. jour, *s man.*

Sanctifier. s. faire saint, il signifie aussi sanctifier ou célébrer le dimanche et les fêtes avec de bonnes dispositions.

Sanctuaire. s. nef de l'église pas, et on avance vers l'autel, s. lieu où le prêtre dit la messe.

Sang. s. coup de lancette, sang qui jaillit.

Sangler. s. nat. de sangler un cheval.

Sanglotter. s. pousser des sanglots, gémir fortement et en pleurant.

Sans. s. retirer rapidement la main droite vers le côté, *s man.*

Sans cesse. Même s. en finissant quelques ouvrages.

Santé. s. se frapper le pouls, s. bien.

Saper. s. creuser sous un mur, en détruire le fondement pour le renverser.

Sarcasme. s. railler quelqu'un, s. jeter des paroles avec force qui pique le cœur.

Sarcler. s. arracher les mauvaises herbes.

Sasser. s. passer par un sas ou une crible.

Satan. s. démon, s. tentateur.

Satiriser. s. lancer paroles qui piquent le cœur.

Satisfaction. s. faire, s. assez, s. se frotter les mains avec un air joyeux.

Satisfaire. même s.

Saucer. s. tremper dans la sauce.

Savoir. s. porter au front les cinq doigts réunis en élevant la main avec un air d'estime.

Savonner. s. savonner du linge.

Savourer. s. se délecter à goûter du vin, se frotter le cœur à plusieurs reprises.

Sauter. s. nat.

Sautiller. s. faire de petits sauts.

Sauvage. s. compagnie, se retirer d'un air farouche.

Sauvegarde. s. roi, donner des lettres à quelqu'un, le mettre sous sa protection.

Se sauver, s. s'enfuir à toutes jambes; 2e sens, parvenir au salut éternel.

Sauveur. Arracher de la puissance du démon et conduit au ciel, subst.; ce s. se fait en saisissant les deux mains du côté gauche, on les conduit devant soi vers la droite et avec les deux mains on montre la voie du ciel, où l'on fait entrer.

Sauver. Même s.

Scabreux. s. difficile à marcher.

SCANDALE. s. pierre qu'on rencontre et qui fait tomber.

SCANDALISER. Même s., faire tomber dans le péché.

SCEAU. s. faire tomber de la cire, appliquer dessus un cachet large.

SCELLER. Même s. apposer les sceaux sur quelque chose.

SCEPTRE. s. roi, bâton à la main.

SCHISMATIQUE. s. fidèles assemblés, se séparer, moi ne veux pas de pape.

SCIER. s. nat.

SCRIBES. s. juifs, s. expliquer la loi.

SCRUPULE. s. aller à confesse et recevoir l'absolution, revenir trouver son confesseur qui rassure, soyez tranquille il n'y a rien, peine d'esprit, revenir plusieurs fois, avec l'inquiétude peinte sur le front.

SCRUTATEUR. s. Dieu, sonder les cœurs.

SCRUTIN. s. petite boîte, chacun y va mettre son billet, on l'ouvre et on choisit la personne.

SCULPTER. s prendre un marteau et un ciseau, s. statue.

SEC. s. passer la main sur sa manche, la montrer mouillée pas, ou bien montrer du pain, rien dessus.

SÉCHER. s. mouiller du linge, le présenter au feu, ou sur des cordes.

SECONDER. s. Venir en second.

SECOUER. s. nat. de secouer des arbres pour faire tomber les fruits.

SECOURIR. s. venir au secours en présentant le dedans des mains devant soi avec l'air de quelqu'un qui vient au secours d'un autre qui est sur le point de tomber.

Secret. Le côté du pouce sur la bouche, s. paroles, pas.

Secte. s. petite bande coupée et séparée de l'église, s. croire pas comme les autres.

Séculariser. s. moine qui s'ennuie du froc, s. écrire au pape, s. quitter le froc et le cordon, s. prendre soutane et rabat.

Sécurité. s. danger comme quelque chose qui est prêt à nous écraser, s. regarder de sang froid.

Sédentaire. s. rester assis dans la chambre, s. sortir peu.

Sédition. s. peuple révolté avec tumulte.

Séduire. s. Conduire au péché.

Seigneur. s. Dieu qui commande, en retournant vers soi l'index.

Séjourner. s. poser les deux mains sur la table, pour exprimer demeurer, s. jour.

Sel. s. broyer et mettre dans une salière.

Seller. s. nat. de mettre la selle sur un cheval.

Selon. s. comme, s. en second.

Semaine. s. assemblage de huit jours.

Semblable. s. regarder le dedans des deux mains l'une après l'autre à plusieurs reprises, s. même.

Sembler. s. regarde la paume de la main, avec l'air de dire, il semble.

Semer. s. Jeter du grain dans la terre.

Semestre. s. 6 mois à s'amuser.

Séminaire. s. maison, s. assemblage de tonsurés, qui commencent, le portefeuille sous le bras.

Sénateur. s. grande robe, queue traînante, grand rabat, marche grave.

Sens. On montre, s. sens, s. bon esprit.

Sensation. s. pouvoir de, s. trémousser avec le s. nat. de retirer l'haleine.

Sensualité. s. montrer les sens et surtout celui du goût, savourer avec une espèce de délices et de complaisance, s. adj., subst.

Sentence. s. juger, écrire, condamner.

Sentencier. Même s. mais, s. contre.

Senteur. s. déboucher un petit flacon et le porter au nez.

Sentier. s. petit chemin en zig-zag.

Sentiment. s. les deux index portés au cœur et que l'on élève.

Sentir. Même s. répété plusieurs fois; 2e sens, sentir de la douleur à la tête, l'estomac, aux pieds.

Séparable. Les deux mains réunies frapper la table par le tranchant, on les sépare en les retournant dos à dos, s. adj. possible.

Séparer. Même s. ; 2e sens, se mettre entre deux personnes qui se battent.

Septembre. Le neuvième mois de l'année.

Septentrion. s. le nord.

Sépulcre. s. tombeau, s. infection et reculer.

Séquestrer. s. mettre en dépôt, en main tierce.

Serein. s. rire pas, air grave.

Serment. s. lever la main, s. Dieu voit.

Serpenter. s. agiter devant soi la main en serpentant.

Serrer. s. serrer fortement les doigts de quelqu'un;

2° sens, mettre quelque chose dans une armoire, serrer sous la clef.

SERVIR. s. présenter devant soi les deux paumes des mains comme si on portait un plat en le promenant à différents points.

SERVITUDE. s. points liés, s. servir.

SÈVE. Suc que l'arbre prend par ses racines et s'étend dans les branches.

SÉVÈRE. s. visage austère, s. commander faire tout.

SÉVIR. s. battre quelqu'un violemment, d'un air sévère.

SEUL. s. un, le pouce élevé devant soi perpendiculairement mais aussitôt on le retire horizontalement vers le côté droit et on le montre à l'écart.

SEVRER. Altérer un enfant, puis lui donner du pain.

SEXE. s. homme, s. femme, s. différent.

SI. s. les deux mains balancées devant la figure, air du dubitatif.

SIÈCLE. s. *c manuel* répété.

SIÉGER. s. montrer des sièges élevés, s. juges assis.

SIFFLER. s. nat.

SIGNAL. s. présenter comme un mouchoir au bout d'une perche, et y diriger l'index de l'autre main.

SIGNALER (SE). s. lire, s. savoir en portant les cinq doigts réunis au front, s. excellent en portant l'index droit aux lèvres pour goûter, s. bon, bon, puis élever la main directement au-dessus de la tête avec un air de complaisance, s. plus que tous les autres, mais ajoutez le s. signe.

SIGNER. Montrer un écrit, et mettre son nom avec paraphe.

SIGNIFIER. s. faire signe.

Sillonner. s. faire de longues rayes avec la charrue.

Symbole. s. marque, s. signe, les 12 articles du symbole.

Symétriser. s. arranger des desserts sur la table, s. plats pas là, s. ici et regarder avec attention si tout se correspond.

Similitude. s. regarder, comparer, même, s. latin pour montrer que ce mot en dérive.

Simonie. s. acheter, s. choses spirituelles et sacrées.

Sympathiser. s. même esprit, même cœur, les deux mains l'une dans l'autre.

Simplifier. s. faire passer légèrement le dessus de la main droite sur le revers de la gauche.

Symptôme. s. disposition pour maladies.

Synagogue. s. assemblée des juifs.

Sincérité. s. parler comme on pense, tromperie, pas.

Syndic. s. communauté, s. régir en faisant, s. rênes, s. commandement, s. affaire.

Singulariser (se). s. faire, s. seul, pas comme les autres.

Synode. s. assemblée d'ecclésiastiques.

Sire. s. roi, monsieur.

Situation. s. manière d'être placé.

Sobre. s. boire, manger avec modération.

Société, s. mis ensemble, s. prochain.

Sœur. s. naître à droite et à gauche.

Soif. s. tirer la langue et témoigner le besoin de boire.

Soigner. s. négligence bras croisés pas, s. regarder avec attention et d'autre, s. malade, donner à boire, le couvrir, etc.

Sol. s. superficie de terrain, s. bâtir dessus.

Soldat. s. fusil sur l'épaule, cocarde au chapeau.

Solder. Payer le reliquat d'un compte, s. j'ai payé tant, je vous dois encore 6 fr., je paye, nous sommes quittes, je nevous dois plus rien.

Solemniser. s. on passe la chasuble, on va à l'autel, toucher l'orgue, chanter, allumer les cierges, encenser.

Solidaire. Obliger de payer l'un pour l'autre.

Solitaire. s. seul, substantif, s. homme.

Solliciter. s. prier, demander avec instance sans se donner de la relâche; 2e sens, tenter, s. porter, s. péché.

Solution. s. proposer une difficulté, s. répondre, s. rien, s. clair.

Sommaire. s. de l'index et du pouce faire le s. d'abréger du haut d'une page en bas, *s. man.*

Sommeiller. s. dormir, se réveiller, ouvrir les yeux à moitié, se rendormir, se réveiller à plusieurs reprises.

Sommer. 1er sens, s. compter de l'argent, s. entasser; 2e sens, s. faire, ou venir, s. commandement.

Sonder. s. faire comme si on voulait sonder la profondeur d'une pièce d'eau, ou d'un fromage et montrer la hauteur au figuré, s. sonder, s. cœur ou esprit, s. mauvais en secouant la tête d'un air de défiance, ou s. bon.

Songer. s. dormir, s. moi, roi, ou supérieur, etc., se réveiller et passer les index sur le front pour prouver qu'on s'est trompé et que l'esprit travaillait mais non pas avec tant d'agitation que pour rêver.

Sonnailler. Sonner souvent sans nécessité, s. porter les doigts aux oreilles pour montrer qu'on est étourdi.

Sonnet. s. nat.

Sophisme. s. argoter, raisonner faux, s. présenter l'argument à son adversaire avec un air malin.

Sorbonne. s. assemblée de docteurs, s. maison.

Sordide. Sale malin, habit point, entasser son argent dans son coffre.

Sort. s. faire une gageure, et jeter les dés sur la table.

Sorte. On montre avec le tranchant de la main comme des cases qui contiennent différentes choses.

Sortir. s. chambre, s. avancer devant soi les mains jointes et tourner le dos.

Sot. Esprit pas, air imbécile.

Soucier (se). s. j'ai ma belle robe, il pleuvra, se serrer les coudes, montrer de l'inquiétude en regardant le ciel. — *Se soucier peu*, s. un air sans souci en disant put je m'en moque.

Soudain. s. nat.

Souder. s. nat. d'un ferblantier qui joint ensemble deux pièces par l'éfusion de quelque composition.

Soudoyer. s. soldat, s. payer à chacun.

Souffler. s. nat.

Souffleter. s. nat.

Souffrances. s. peine, mais plus de douleur.

Souffrir. Même s. indiquer les dents ou l'estomac, etc.

Souhaiter. s. désirer bonne chose, s. futur en présentant la main devant soi comme pour bonjour.

Souiller. s. gâter, remplir d'ordures.

Soulager. s. douleur vive, prendre un médicament, ou appliquer une emplâtre, s. passer la main sur le cœur avec un visage plus riant et marquer un bien aise ; 2e sens, s. fardeau trop lourd qui écrase, s. ôter une partie, s. marcher plus à l'aise.

Souler (se). s. boire, manger, s. raison plus. s. chanceler sur ses pieds.

Soulever. s. sous en passant la main droite sous la gauche, s. lever en montrant que c'est quelque chose de lourd qu'on a bien de la peine ; 2e sens, refuser d'obéir, même s. radical, mais montrer de la résistance.

Souligner. s. nat. écrire en un mot, *Dieu est bon, donc nous devons l'aimer*.

Soumettre. s. sous, s. mettre, et les deux poings fermés et tournés vers la terre forcer quelqu'un de plier.

Soupe. s. tranches de pain, mettre du bouillon dessus.

Soupçonner. s. porter au front l'index d'un air rêveur regarder quelqu'un avec un air défiant en remuant légèrement la tête.

Souper. s. soleil sur son déclin, plats sur la table, couper le rôti, s. chandelles aux deux extrémités.

Soupirer. s. nat.

Souple. s. plier aisément.

Sourciller. s. remuer les sourcils.

Sourd. s. faire voir le s. nat.

SOURIRE. s. rire doucement.

SOUS. s. on passe la main sous quelque chose.

SOUSCRIRE. s. lire un papier, s. oui de la tête et mettre son nom au bas.

SOUS-ENTENDRE. s. sous, s. entendre, ne pas dire tout, et montrer un petit air malin, comme si on disait une telle est savante, mais...

SOUSTRAIRE. s. écrire des chiffres sur une première ligne, ensuite sur une seconde, arracher avec les doigts recourbés de la première ligne et le porter à une troisième :

$$\begin{array}{r} 354 \\ 223 \\ \hline 131 \end{array}$$

SOUTENIR. s. sous, s. tenir en l'air avec le pouce et l'index ; 2e sens, pris pour nourriture, même s. radical, mais on y ajoute s. manger en se frappant doucement l'estomac.

SOUTERRAIN. s. lieu sous terre.

SOUTIRER. s. tirer du vin d'un tonneau.

SOUVENIR (SE). J'ai oublié passant la main sur le front, puis faire passer la main de derrière la tête devant en disant oui, oui.

SOUVENT. s. beaucoup de fois.

SOUVERAIN. s. étendre les mains de tous côtés avec un air d'empire.

SPACIEUX. s. étendue long large, s. promener.

SPÉCIAL. s. volonté particulière.

SPÉCIEUX. s. paraître vrai avec un air de dire, oui cela me paraît.

SPÉCIFIER. s. faire, s. espèces en présentant la main sur la table et là repousser à différents points.

Spectacle. s. violon, s. chanter, s. voir et regarder la bouche béante.

Spectre. s. la nuit, voir une figure hideuse, s. avoir peur et reculer.

Spéculer. s. contempler le soleil, les astres.

Spiritualiser. s. faire, s. esprit, s. infinitif.

Spirituel. s. esprit adjectif.

Splendeur. s. rayon de gloire, s. briller, s. décrire un demi-cercle devant sa figure.

Stable. Qui ne remue pas.

Station. s. procession, s'arrêter dans un lieu, puis marcher, s'arrêter encore.

Statuer. 1er sens, le marteau et le ciseau à la main comme le statuaire, se montrer en se tenant droit, les bras, les yeux, etc.; 2e sens, s. radical de statue, s. ordonner.

Stérile. s. terre qui ne produit rien.

Stigmates. s. marques des plaies de Jésus-Christ.

Style. s. manière de parler et d'écrire.

Styler. s. instruire, accoutumé à faire.

Stipuler. Mettre une convention à un contrat.

Stomacal. s. bon pour l'estomac.

Stratagème, s. ruse contre les ennemis à la guerre, subst.

Studieux. Qui aime l'étude.

Stupide. s. comme une bête.

Suaire. Drap pour un mort.

Subalterne. s. sous un autre.

Subjuguer, s. roi, étendre les deux mains pour montrer des peuples, s. fermer les deux poings et forcer de baisser la tête, s. mettre le joug comme pour atteler des bœufs.

Subdiviser. Diviser, partager une seconde fois, exemple : je partage douze en deux, il y a six des deux côtés, je subdivise il y a trois de chaque côtés.

Subir. s. aller sous, s. peine ou s. examen.

Subit. s. sous, s. tout à coup.

Sublime. Au-dessus de tout, air d'admiration.

Submerger. s. nager, faire la pirouette et précipiter dans l'eau le bras perpendiculairement.

Subordonner. s. ordonner, s. mettre sous.

Suborner. s. engager, s. témoin vu, entendu, s. à témoignage faux, subst.

Subroger, s. mettre en place d'un autre.

Subsistance, s. choses nécessaires à la vie.

Subsister. s. être, s. continuer d'être.

Substance. s. frapper doucement avec les deux mains sur le haut de la poitrine, adj.

Substantiellement. Même s. ajouter s. sous, adv.

Substituer. s. moi absente, elle faire pour moi.

Subterfuge. s. sous, fuir adroitement.

Subtiliser. 1er sens, faire des tours d'adresse comme les joueurs de gobelet ; 2e sens, rafiner sur quelque chose, s. esprit qui sautille, s. pointe en raclant son doigt en forme de pointe.

Subvenir. s. pauvre, s. venir au secours, donner argent, pain, etc.

Subvertir. s. esprit, cœur, mettre sans dessus-dessous.

Suc. s. presser des herbes, en faire sortir le suc.

Succéder. s. mort, s. partir, prendre sa place ou son bien.

Succès. s. commencer, s. finir bien.

Successeur. Même s. que succéder, s. masculin.

Successivement. s. l'un après l'autre.

Succinct. s. en peu de mot.

Sucer. s. nat.

Succomber. s. force pas, s. tomber sous; au fig., consentir au démon, à la tentation.

Sucrer. s. râper en petite poudre, porter à la bouche, s. doux, s. en mettre sur les mets.

Sud. s. au midi.

Suer. s. avec l'index se frapper le front à différents points, ensuite le long de la joue, conduire l'index pour exprimer la chute de la sueur.

Suffire. s. avoir assez, je ne veux plus rien.

Suffoquer. s. porter la main à la gorge que l'on presse, s. montrer la peine que l'on a à respirer.

Suffrage. 1er sens, assemblée de délibération, donner sa voix; 2e sens, prières des saints pour nous.

Suggérer. s. faire entrer dans l'esprit de quelqu'un quelque chose en portant l'extrémité de la main vers le front, d'une manière rusée, pousser doucement le coude pour engager à faire.

Sujet. s. sous, s. jetter.

Suinter. s. tonneau, s. tomber goutte à goutte.

Suisse. s. grandes moustaches, s. hallebarde, s. homme.

Suivant. s. suivre, participe.

Suivre. s. faire avancer la main gauche et la faire suivre doucement de la droite en allant vers le côté gauche.

Superficie. s. sous, s. face de la terre.

SUPERFLU. s. ce qui est de trop.

SUPÉRIEUR. s. porter la main en tournoyant au-dessus de la tête, s. commander.

SUPERSTITION. s. culte en faisant le s. prier, encencer, offrir le saint sacrifice, s. faux, c'est-à-dire pas Dieu.

SUPPLANTER. s. air rusé, les yeux inquiets, regarder de côtés et d'autres, s. de la main droite chasser de sa place et s'y mettre soi-même.

SUPPLÉER. s. les mains sur la table les porter vers la terre en regardant et haussant un peu les épaules, il manque, s. ajouter.

SUPPLICE. s. pendu, rompre les bras, les jambes, s. brûlé, s. peine avec force.

SUPPLICIER. s. celui qui fait souffrir tous ses tourments.

SUPPLIER. s. demander avec ardeur, s. respect.

SUPPORTER. Regarder proprement les défauts des personnes, on supporte la mauvaise humeur de ses paroles, s. sous, s. porter, s. mettre les mains l'une dans l'autre en levant les épaules en prononçant ah !

SUPPOSER. s. poser, s. sous, s. fondement en mettant les mains en cette direction, ensuite d'une main creuser la terre et la jeter dehors, puis poser les pierres l'une sur l'autre ; 2e sens, s. dire vrai, s. chose fausse en se croisant les deux index sur la bouche.

SUPPRIMER. s. on montre dans l'almanach les fêtes autrefois chômées, s. fêtes grandes, s. passées, s. plus, en les chassant avec l'index du calendrier.

Suppurer. s. placé sur la main, de l'index on montre les humeurs qui coulent en détournant les yeux.

Supputer. s. compter avec ses doigts d'un air réfléchi, cela coûtera tant.

Suprême. s. le plus haut, le plus grand.

Sur. s. on pose la main sur quelque chose.

Surcharger. s. charge, s. trop, en pliant sous le fardeau.

Surcroit. s. sûr, s. croître, en faisant sortir de la main gauche presque fermée les doigts réunis de la main droite.

Surenchérir. s. marchandise qu'on tient à la main, s. combien : 12 fr., moi je mets 24 fr., moi 3 fr.

Sûreté. s. rien à craindre.

Surfaire. s. sur, en mettant la main sur quelque chose, s. faire, s. trop cher en élevant le bras au-dessus de la tête avec un air de surprise.

Surmonter. s. sur, s. monter, s. contention d'esprit en faisant remarquer les veines du front enflées, ou efforts du corps ensuite, s. facile en agitant légèrement les doigts.

Surnaturel. s. sur. s. nature, en faisant le s. père avec vivacité, adj.

Surnommer. Donner un second nom, s. sur, s. nommer, en écrivant sur la main gauche.

Surpasser. s. sur, s. passer, les autres petites, lui excellent et élever la maiu avec emphase.

Surplomber. N'être pas d'aplomb, ex. : un mur dont le haut penche.

Surprenant. s. sur, s. prendre, part., en y ajoutant le s. d'admiration.

Surprendre. s. sur, s. prendre, 1er sens, s. prendre quelqu'un à faire quelque chose à l'improviste ; 2e sens, tromper avec adresse, faire entrer le faux dans l'esprit ; 3e sens, pour une chose merveilleuse même s. radical, s. esprit, s. exclamation ah ! ah !

Sursoir. s. juger, s. autre tems.

Surveiller. s. sur, s. dormir pas, regarder avec attention de côté et d'autre.

Survenir. s. sur, s. venir, s. paraître tout à coup.

Survivre. s. sur, s. vivre, père mort, vivre après.

Susceptible. 1er sens, capable de recevoir, apprendre facilement ; 2e sens, s. se fâcher aisément pour rien.

Susciter. 1er sens, faire naître ; 2e sens, engager à, le diable suscita à Judas de trahir Notre Seigneur Jésus-Christ.

Suspect. Qui est soupçonné.

Suspendre. 1er sens, s. saisir en prenant promptement, tenir en haut ; 2e sens, s. arrêter pour un tems.

Sustenter, s. sus, tenter en se frappant le coude gauche de la main droite, s. manger et montrer que la nourriture passant dans notre corps nous donne de la force en agitant les bras.

T

Tabac. s. nat.

Tabernacle. s. lieu où est le saint sacrement.

Table. En monter une.

Tableau. s. désigner un portrait.

TACHER. Faire des taches, ce signe est naturel, en montrer ; 2e sens, faire des efforts.

TACHETER. s. porter l'index à différents points et montrer les différentes taches.

TACITE. s. oui du mouvement de la tête sans parler.

TACITURNE. s. qui parle peu.

TAILLANDER. s. nat. de faire sur le visage ou sur de la viande des fentes en différents endroits.

TAILLE. s. Grandeur de quelqu'un et prendre la mesure d'un corps.

TAILLER. s. couper, façonner avec art de l'étoffe, pour faire une robe ou une coiffure.

TAIRE. s. ne parler pas, s. l'index sur les lèvres, s. chut.

TALENT. s. puissance d'esprit pour faire.

TAMBOURINER. s. nat.

TAMPONNER. s. nat. de mettre un tampon à quelque chose.

TANCER. s. servante, pas bien fait, s. maîtresse qui gronde.

TANNER. s. peau de bœuf, mettre dans l'eau, et gratter le poil.

TANTE. s. de naître à plusieurs reprises, *t man.*

TANTÔT. s. temps en avançant devant soi le *t man.*, s. tôt.

TAPER. s. nat. de donner des tapes.

TAPIR (SE). Coin petit et serré, se cacher.

TAPISSER. s. d'une muraille, mettre des clous de distance en distance, s. sauter légèrement de l'échelle.

TAQUIN. s. chercher à faire niche à ceux qu'on rencontre et qui ne disent rien.

Tard. s. long, puis on montre l'heure.

Tarder. s. vient pas, ou bien, s. aller à petit pas, s. bien long-tems.

Tarir. s. source d'eau qui coule, s. tomber goutte à goutte, s. rien au moral, ne pleurer plus, essuyer les larmes, épuiser, s. é, s. puiser de l'eau d'un puits, s. rien.

Tasser. s. nat. de mettre des fruits ou autre chose en tas.

Tater. s. toucher, s. tâter le pouls.

Tatonner. s. aveugle, s. chercher quelque chose des deux mains au hasard.

Taxer. s. juge qui règle, légumes, viande, pain, 3 fr., etc. ; 2e sens, faire une imposition, s. payer au roi, vous pauvre 6 fr., vous riche 24 fr.

Te. On frappe deux fois de l'index sur la poitrine de la personne en appuyant un peu, s. conjonctif.

Teindre. s. mouchoir blanc, le tremper dans un sceau et le soulever à plusieurs reprises, le montrer rouge, noir, vert, etc.

Tel. s. *t. man.* en montrant la personne.

Téméraire. s. soupçon en portant au front l'index d'un air rêveur, regardant quelqu'un d'un air défiant, en remuant légèrement la tête, sans raison.

Témoigner. s. moi vu, entendu, en portant la main sur la conscience.

Tempe. La montrer.

Tempérament. s. manière d'être en passant les mains sur la poitrine et l'estomac.

Tempérer. s. trop bouillant ou trop froid, puis s. au milieu.

Tempête. s. vent furieux, s. agiter, la mer violente.

Temple. s. maison, s. offrir de l'encens, des sacrifices à Dieu.

Temporiser. s. *t man.* qu'on avance devant soi en faisant différentes pauses horizontalement.

Temps. s. *t man.* en sonnant, puis on l'avance devant soi en montrant les heures qui s'écoulent.

Tendre. *s. nat.* tendre le bras ou un arc, etc.; 2e sens, s. viser à ; 3e sens, qui n'est pas dur, pain tendre.

Ténèbre. s. nuit, aller à tâtons.

Tenir. s. tenir en l'air avec le pouce et l'index, pas bien élevé pour distinguer de suspendre.

Tenter. s. se frapper le coude gauche des doigts de la main droite, s. péché ; 2e sens, essayer de faire.

Tergiverser. s. répondre pas droit en faisant comme sortir les index de la bouche en ligne directe, mais répondre d'un air embarrassé en regardant de côté et d'autre.

Terme (pris pour fin de chemin). s. chemin, s. fin.

Terme (pris pour paroles). s. dire, s. finir.

Terminaison. s. fin d'un mot, ex. : *eur* est la fin de monsi*eur*.

Terminer. s. faire faire en avançant toujours les mains devant soi, s. fin et pour finir on ajoute s. tout.

Ternir. s. brillant, on montre sa tabatière ou une glace, faire passer dessus son haleine.

Terrain. s. décrire un espace comme sur une carte géographique, *t. man.*

Terrasser. s. lutter contre quelqu'un et le jeter par terre.

Territoire. s. lieu, s. jugo, commandor dans une cortaine étendue.

Tester. s. malade, s. écrire, après ma mort je donne à telle de l'argent, à telle mes hardes.

Têt. s. morceau d'un pot cassé.

Tête. s. nat.

Texte. s. commencer à prêcher, dire quelques paroles, s'arrêter, expliquer long, long.

Thaumaturge. s. faiseur de miracle.

Théologien. s. montrer l'écriture sainte, les saints pères, s. étudier, réfléchir, s. écrire.

Thésauriser. s. amasser beaucoup d'argent, s. coffre-fort à trois ou quatre serrures.

Thèse. s. grande image, imprimer au-dessus et la soutenir en disputant.

Thiarr. s. trois couronnes sur la tête.

Tiédir. s. eau bouillante, s. souffler, mettre à la fenêtre, s. pas trop chaude.

Tiers. Troisième partie.

Timbrér. s. papier blanc, mettre en haut le sceau du roi.

Timide. s. parler, n'ose pas.

Tinter. s. tirer lentement une cloche.

Tirailler. s. tirer de côté et d'autre.

Tirant. s. roi méchant, persécuter, mutiler, faire mourir à droite et à gauche.

Tiroir. s. nat.

Tisonner. s. remuer les tisons avec des pincettes.

Titre (d'un livre). s. livre qu'on ferme, retourner le dos et y écrire.

Titre (dignité). On écrit sur la main gauche comme pour exprimer les patentes, *D man.* comme pour respect.

Titre (de création). Même s. que titre de dignité, mais pas de *D man.* ensuite signe de création.

Titrer. s. écrire sur la main gauche pour exprimer les patentes, s. respect.

Toilette. s. dame se coiffer, se friser, miroir devant.

Toiser. s. six pieds de long, s. mesurer avec les bras, comme on ferait avec une toise, en les roulant l'un sur l'autre dans toute leur longueur.

Toit. s. montrer le dessus d'une maison.

Toi. s. on frappe deux fois de l'index sur la poitrine de la personne en appuyant un peu.

Tolérer. s. vous faites mal, je vous gronde, je ne puis pas vous empêcher, en mettant sur la poitrine les deux mains, opposées à l'autre, eh bien faites, mais je ne vous approuve pas.

Tomber. s. nat.

Tondre. s. chien ou mouton, s. avec l'index et le doigt du milieu imiter des ciseaux, s. couper la laine ou le poil.

Tonner. s. nues qui se choquent, s. agiter en l'air les deux poings, frapper l'oreille de l'index, les sourds et muets en ressentent les effets dans leur poitrine.

Tonsurer. s. évêque, s. couper les cheveux, montrer la tonsure, mettre le surplis.

Tordre. s. nat. de tordre son mouchoir ou du fil.

Torrent. s. eau qui coule, s. grand bruit, s. ravager les environs.

Tort. s. faire, s. prendre en voleur.

TORTICOLIS. s. d'une douleur depuis l'épaule jusqu'à l'oreille qui empêche de tourner la tête.

TORTILLER. s. nat. de tortiller du papier.

TORTURER. s. nat. de rendre tordue une épingle.

TORTURE. s. serrer les mains et les pieds bien fort avec des menottes, mettre les pieds dans le feu.

TOTAL. s. tout, adjectif.

TOUCHER. s. porter le bout de l'index et le retirer aussitôt.

TOUJOURS. s. tout. s. jour en traçant un cercle à plusieurs reprises.

TOUR A TOUR. s. cercle O s. à s. O.

TOURBILLON. s. grand vent qui enlève la poussière en tournoyant.

TOURMENT. s. pendu, rompu, brûlé, s. peine avec force.

TOURMENTER. Même s. se tourmenter, s. cœur, esprit agité en y promenant les doigts, s. crainte d'un air très inquiet.

TOURNER. s. nat. de mouvoir circulairement.

TOURNOYER. s. eau qui coule trouve un obstacle, s. tournoyer la main à plusieurs reprises, s. couler.

TOUSSER. s. nat.

TOUT. On montre toute chose, s. *t man.* — 2e sens *t man.* perpendiculairement en montrant toute la personne ou toute la chose.

TOUT D'UN COUP. s. tout, s. coup ou bien s. tôt.

TRACASSER. s. agiter violemment, aller de côté et d'au[illegible], s. peine de corps et d'esprit.

TRACER. [illegible] faire remarquer les traces des pieds. — 2e sens faire le dessein d'une maison ou d'un jardin au figuré par exemple beau ou bon, faite comme.

Tradition. 1er sens, s. donner. — 2e sens, s. entendre, s. dire à un autre, celui-ci l'écoute et le dit à un autre, ainsi de suite, subst.

Traduire. s. appuyer la main sur la table comme si c'était sur une feuille de dictionnaire où il se trouve colonne de latin et une de français, retourner la main sur la paume ensuite sur le revers, s. autre langue.

Trafiquer. s. donner un ou plusieurs meubles pour d'autres, mais pour échanger on fait s. de préposition et puis s. changer en passant les mains l'une sur l'autre.

Trahir. s. air loyal et d'amitié, embrasser, saisir et livrer, s. ennemis.

Trajet. s. espace à parcourir.

Trainer. s. nat.

Traiter (quelque sujet). 1er sens, s. écrire, s. lire, s. bien. — 2e sens, donner à manger, s. bon. — 3e sens, prendre soin d'un malade, lui donner des médicaments, le panser. — 4e sens, agir avec quelqu'un de manière douce et sévère.

Tramer. s. conspirer ensemble pour faire mal et cela avec un air de mystère en se parlant les uns aux autres. — 2e sens, passer la navette entre les chaînes pour faire de la toile ou de l'étoffe.

Trancher. s. couper la tête ou une tranche de jambon, ou pâté.

Tranquilliser. s. cœur, paix, on ne fait point avant le s. d'agitation pour distinguer d'apaiser, tranquilliser ne regarde précisément que la situation elle-même et dans le temps présent.

Transcrire. s. de préposition en regardant un écrit, s. écrire, ici.

TRANSFÉRER. s. de prép. en un autre lieu en appuyant sur la table au s. de pour expr. l'idée de consistance qu'avait la chose transférée.

TRANSFIGURER. s. J.-C. visage qui éblouit.

TRANSFORMER. Changer de forme, s. de prép. s. former.

TRANSGRESSER. s. loi divine, s. fouler aux pieds, s. passer en outre.

TRANSIGER. s. plaideurs, proposer un accommodement, ou je le veux bien, prenez plus.

TRANSIR. s. immobile, grelotter de froid, claquer des dents.

TRANSMETTRE. s. de prép., s. mettre à un autre ce qui m'appartient.

TRANSPERCER. s. percer de part en part, s. une épée au travers du corps et montrer qu'elle passe par le dos.

TRANSPIRER. s. attirer l'air dans son corps, s. petits trous sur la main, s. humeurs qu'on montre et qu'on essuie.

TRANSPORTER. s. de prép., s. porter là.

TRANSPOSER. s. de, s. poser, porter les doigts de la main droite à la jointure de la main gauche, cela devrait être là, ensuite le transporter vers le sommet des doigts en avant.

TRANSUBSTANTIATION. s. de prép., s. mettre pêle-même, s. corps de J.-C. s. en.

TRANSUBSTANTIER. même s., c'est-à-dire faire voir que le pain et le vin sont changés en corps et en sang de J.-C.

TRAVAILLER. s. nat. de coudre, tricotter, scier, etc., quand il s'agit d'application d'esprit, s. esprit.

TRAVERSER. s. allée qu'on réprésente en avançant

devant soi les deux paumes des mains qui se regardent, s. passer par le milieu d'une extrémité à l'autre.

Travestir (se). s. prendre l'habit d'un autre sexe, religieux habit d'un laïque.

Trébucher. s. faire un faux pas, tomber à demi.

Treillage. s. tendre du fil de fer pour faire des mailles, ou avec les doigts des deux mains réprésenter la même chose.

Treille. s. vigne contre la muraille.

Trembler. s. nat.

Trémousser (se). s. agitation, émotion du corps qui frétille et remue doucement.

Tremper. s. imbiber son pain, le mettre dans de l'eau ou du vin, au fig. prendre part à un crime.

Trépaner. s. crâne de la tête blessé, s. sang qui coule, s. couper l'os et mettre des emplâtres.

Trépasser. Il ne se dit que de l'homme et du moment où il meurt pour écrire, s. très, s. passé, pour l'explication, s. homme passer de la vie, s. mort.

Trépigner. s. battre du pied par un mouvement de colère.

Trésors. s. amas d'or et d'argent caché dans un coin.

Tressaillir. s. sauter, s. cœur joyeux.

Trève. s. se battre aux armes blanches, s. assez, aujourd'hui, s. à demain.

Tribunal. s. siège élevé, s. juge assis dessus.

Tricher. Tromper au jeu, il faut donner des exemples.

Tricotter. s. nat.

Trier. Grains de blé, d'orge, etc., avec l'index mettre de côté les bons grains et souffler les mauvais.

Trinité. s. trois, s. un, subst.

Triompher. s. ennemis foulés aux pieds, s. char de triomphe, trompette, battement des mains avec un air d'ostentation.

Tripler. Multiplier par trois. Trois fois six font dix-huit.

Triste. Se passer la main sur la figure et prendre une mine allongée avec l'air triste.

Triturer. s. piler dans un mortier, réduire en poudre et passer dans un tamis.

Tromper. s. mentir en croisant sur la bouche les index agités, présenter l'extrémité des doigts de la main droite et de la main gauche alternativement vers le front d'une personne pour faire entrer le mensonge dans son esprit.

Trompette. s. nat.

Trône. s. siège élevé, s. roi assis.

Tronquer. s. entier en montrant toute l'étendue d'une chose ou de sa personne, s. pas, s. couper une partie avec le tranchant de la main.

Trop. Tracer une ligne horizontale avec le *t man.* pour exprimer *assez* et ensuite le lever avec vivacité et un geste naturel qui annonce trop.

Troquer. s. donner meuble, cheval, bijoux pour autre chose.

Trotter. s. cheval, galop pas, agiter devant soi légèrement les deux mains pour imiter le trot du cheval.

Troubler. s. rendre opaque, c'est-à-dire pas clair

pour exemple une bouteille de vin clair, l'agiter et montrer les ébullitions. — 2° sens, compagnie tranquille, s. quelqu'un vient faire tapage.

TROUBLER (SE). s. crainte, se promener les doigts sur le front avec un air d'agitation en regardant la voûte des cieux.

TROUER. s. nat. de faire un trou.

TROUPEAU. s. assemblage d'animaux, s. cornes, bébé, etc.

TROUSSER. s. nat. relever sa robe.

TROUVER. s. marcher, *t man.* qu'on se présente, ah! le voilà, en montrant la terre.

TRUCHER. Les bras nonchalamment à ses côtés, ne veut pas travailler, s. mendier.

TRUMEAU. Miroir contre la cheminée, paysage au dessus.

TUER. s. coup de fusil ou de massue, s. mourir.

TURPITUDE. s. action déshonnête et le s. d'horreur.

TUTEUR. s. enfant, son père mort, moi gouverne son bien.

TUTOYER. Se servir du mot tu en parlant à quelqu'un, tu es mon ami.

TUYAU. s. poêle, avec les mains les unes sur les autres faire une espèce de tuyau, s. fumée qui sort.

V

VACANCE. s. trois mois, étudier plus, sedivertir, galoper, etc.

VACILLER. s. balancer son corps à droite et à gauche.

Vaguer. s. les mains élevées, les yeux égarés, errer çà et là.

Vain (en).. s. sans nécessité.

Vaincre. s. ennemis, fouler aux pieds.

Vaisseau. s. représente la mer, s. voile dans lequel on souffle, s. voguer sur les flots.

Vaisselle. s. plats, assiettes, etc.

Valétudinaire. s. toujours malade, air languissant.

Valider. s. écrire, s. forme de justice, s. faire bon.

Vallée. s. montagne et montrer la plaine.

Valoir. s. compter sur ses doigts après avoir examiné la chose, frapper sur la table de l'index et du pouce, s. oui cela vaut tant.

Vaner. s. crible, souffler, séparer le mauvais grain et ramasser le bon.

Vanité. s. *v. man.* avec l'attitude d'une personne vaine.

Vanter. s. louer beaucoup, *v. man.* en élevant la main avec emphase et ostentation.

Vapeurs. s. fumée qui s'élève de la terre.

Vaquer. s. lire étudier, s. plus, dire adieu, et fin, partir pour s'amuser et se divertir. — 2e sens, s. appliquer son esprit, à.

Varier. 1er sens, changer de sentiment, dire oui et puis dire non. — 2e sens, diversifier en promenant sa main autour de soi en montrant que cela fait plaisir, rouge, blanc, vert, etc.

Vaste. Avec les deux mains étendues devant soi, décrire un demi-cercle, *v manuel.*

Vautrer. Avec les lèvres imiter le groin du cochon, ho ho, s. se rouler dans les ordures en montrant les côtés des bras salis.

VÉGÉTER. s. plante qui pousse très lentement, petit à petit, au fig. homme esprit, raison pas.
VÉHÉMENT. s. souffler, agiter les deux bras avec violence, comme pour renverser tout, *v manuel.*
VEILLE. s. jour avant.
VEILLER. s. dormir pas, et regarder de côté et d'autre.
VÊLER. s. vache, s. naître, s. veau.
VELU. s. couvert de poil.
VENDANGER. s. grappe qu'on exprime en en ôtant les grains de raisin les uns après les autres, s. couper et mettre dans la hotte, la décharger et presser le raisin avec les pieds, s. vin.
VENDRE. s. donner la marchandise, s. prendre l'argent.
VÉNÉRABLE. s. *v man.* comme pour respect, adj. possible.
VÉNÉRER. Même s., s. mérite.
VENGER. Si vous avez fait mal à cet enfant, je vous battrai à mon tour.
VÉNIEL (PÉCHÉ). s. péché, s. petit. — *Péché mortel*, s. péché qui donne la mort à l'âme, s. mort, adj. — *Péché originel*, s. péché, s. fruit mangé. — *Péché actuel*, s. péché, s. faire, présent, adj.
VENIR. Rouler les deux index l'un sur l'autre vers la poitrine.
VENTER. s. agitation dans l'air, qui souffle.
VÊPRES. s. curé dans sa stale en étole, chantre en écharpe, porter l'antienne, s. *deus in adjutorium.*
VÉRACITÉ. s. amour toujours vérité.
VERBALISER. s. juge qui écoute les témoins pour et

contre, s. écrire ce qu'on dit les deux parties.

Verbes. Faire passer dans tous ses sens, s. tirer une ligne en zig-zag depuis le haut jusqu'au bas, s. subs.

Verbiager. s. parler beaucoup, s. vaut rien.

Verdir. s. arbre.

Verdure. s. terrain herbe verte.

Verglas. s. eau glacée, regarder de tous côtés pour poser les pieds, trébucher à tout moment.

Véridique. s. aimé dire vérité.

Vérifier. s. regarder une écriture vraie ou fausse, lire une copie et regarder l'original.

Véritable. s. mensonge pas, et faire sortir tout droit les index de devant la bouche, adjectif possible.

Vérité. Même s. substantif.

Vermeil. s. argent, or coler dessus.

Vermillon. s. rouge, montrer les lèvres et joues.

Vermouler. s. bois mangé de vers.

Vernir. s. couleur qu'on applique sur du bois avec un pinceau.

Vers. On présente la paume de la main du côté opposé à soi dirigé à plusieurs points en faisant le *v man*.

Verser. s. nat., de faire couler une chose liquide d'un vaisseau en l'inclinant.

Verset. s. antienne, s. tirer deux petites lignes au-dessous.

Versifier. s. faire des vers en montrant la mesure et les finales.

Vertige. s. tête, s. tournoiement, s. folie.

Vertus. s. bonnes, s. faire bien, s. subst.

VÉTÉRAN. s. soldat ancien, la médaille à l'habit, épée en croix.

VÉTILLER. s. esprit occupé à des riens, s. petites choses ; 2° sens, argumenter, s. chose légère en levant l'extrémité de l'index et du pouce d'un air d'en faire peu de cas.

VEUVE. s. femme, s. homme mort

VEXER. s. payer, s. forcer avec violence.

VIAGER. s. payer argent pendant la vie.

VIANDE. s. pincer le dessus de la main, s. manger.

VIATIQUE. s. malade, sonner la clochette, prêtre qui porte le bon Dieu, donner la communion.

VIBRATION. s. mouvement d'un balancier qui va et vient.

VICAIRE (D'UN CURÉ). s. étole, ensuite on porte le *v man.* auprès, du côté gauche, s. curé absent le vicaire à sa place.

VICAIRE (D'UN ÉVÊQUE). s. évêque, et même s., ou bien s. grand, s. *v manuel.*

VICE. s. cœur gâté, s. penchant au péché.

VICIER. s. faire, s. nul rien adj. au fig., s. cœur mauvais, s. péché grand.

VICOMTE. s. terrain, s. moitié, s. *c man.* pour *comte*, l'autre moitié pour *v man.*

VICTIME. s. égorger, mettre au feu, offrir à Dieu.

VICTOIRE. Agiter les deux poings comme pour terrasser un adversaire, le fouler aux pieds, se relever avec un air de triomphe la palme à la main.

VIE. Les deux *v man.* qu'on élève et qu'on agite avec un air vivant et gai.

VIEUX. Même s. que vieillard, adj.

VIEILLARD. s. canne, lunette, courbe, s. quelques dents.

VIEILLIR. Même s., et s. de, s. venir.

VIERGE. s. anneau et homme point et présenter les paumes des mains pour repousser l'homme avec vivacité.

VIF. s. air animé et pétillant, *v man.*

VIGILE. s. jour avant la fête.

VIGNE. s. petit arbre tortu, s. grappe de raisin qu'on exprime en ôtant les grains successivement pour les manger.

VIL. s. lui petit en approchant la main de la terre et la retournant avec un air de mépris, moi grand, noble, etc.

VILLE. Décrire un cercle, des rues et des maisons.

VIN. Presser le raisin, s. boire.

VINAIGRE. s. piquer la langue faisant la grimace, arroser la salade.

VIOLER. s. loi foulée au pieds.

VIOLENTER. s. faire faire par force.

VIOLET. Soutane d'évêque.

VIRGULE. s. nat.

VIS-A-VIS. On fait sur soi le s. voir, on se montre et on montre aussi une personne ou une chose qui est devant.

VISER. s. viser un coup de fusil, ou bien jouer aux petits pallets, s. là en posent l'index au but.

VISIBLE. s. voir, adj. possible.

VISITER. s. aller voir quelqu'un en faisant de grande révérences.

VISSER. s. nat. de tourner une visse.

VITRER. Appliquer avec ses mains des vitres, s. voir.

VIVIFIER. s. fuir, s. vie, s. force.

VIVRE. s. mort pas, se présenter d'une manière qui annonce la vie, *v manuel* des deux mains.

VIVRES. Chose à manger.

VOCATION. s. Dieu appeler, s. être prêtre, religieux.

VOGUER. s. mer, s. ramer, aller de côté et d'autre.

VOICI. s. voir, s. ci, qui s'exécute en portant l'index sur l'objet mais sans le traîner sur le papier pour ne pas confondre avec parce que.

VOIE. s. chemin un peu large qui n'est pas trop droit.

VOILA. s. voir, s. là, qui se fait en portant l'index sur la gauche un peu éloigné.

VOILER. s. faire tomber un voile sur sa figure.

VOIR. s. *v man.*, qu'on porte aux yeux et ensuite à l'objet.

VOISINER. s. maison où l'on couche, s. prochain en approchant la main droite du coude gauche, s. dire bon jour.

VOITURER. s. frapper les chevaux, tenir les rênes, rouler les mains l'une sur l'autre en avant.

VOLAILLES. s. battre des ailes, donner à manger aux poules en les appelant petion, petion, petion.

VOLER. s. avec les deux coudes imiter les ailes des oiseaux ; 2e sens, prendre en cachette.

VOLONTAIREMENT. s. vouloir, *v man.*, adj., adv.

VOLONTÉ. Même s. substantif.

VOLONTIER. Même s. mais avec un air de joie se frotter les mains, adv.

VOLTIGER. s. voler un peu, faire une pause, et voler encore, etc.

VOLUBILITÉ. s. parler vite en roulant les deux index vis-à-vis la bouche.

VOMIR. s. nat.

VOULOIR. *v man.*, porté au front et retourné avec un air de commandement et de volonté.

VOUTER. Faire un demi-cercle et y appliquer du plâtre.

VOYAGER. s. galopper et aller loin.

VRAI. Le *v man.* sur la bouche avec l'air d'affirmer, vrai, vrai.

VIDER. s. bouteille, bourse, reste rien.

VULNÉRAIRE. s. bon pour les plaies.

U

ULCÉRER. Placé, sent mauvais, mange la chair tout au tour, au fig., s. cœur, ennemis.

ULTÉRIEUR. Jusqu'ici non, encore plus loin.

UN. Le pouce élever perpendiculairement.

Unique. Même s., mais présenter devant soi le pouce de droite à gauche, adj.

UNIR. Approcher les paumes des deux mains les doigts élevés perpendiculairement. *Joindre* le s. unir, les doigts entrelacés les uns dans les autres.

UNIVERSEL. s. globe, s. tout, adj.

URGENT. s. presser, retarder pas.

USER. Frotter et montrer que la robe s'use par le bas.

USURE. s. prêter 6 francs vous m'en rendez 7 fr.

USURPER. s. justice pas, prendre avec violence.

UTÉRIN, s. né même mère.

Z

Zèle. s. ardeur, empressement pour.
Zéphir. s. vent léger, respirer avec air de gaité.

FIN.

Laval, — Imprimerie E. JAMIN, 8, rue Ricordaine.

Achevé d'imprimer le 15 Novembre 1896

Par E. JAMIN

maître-imprimeur, à Laval

Pour le Dr RATTEL

COLLECTION ANCIENNE ET MODERNE D'OTOLOGIE
Du Docteur J.-A.-A. RATTEL.

I. — Dr J.-A.-A. RATTEL. — *Des maladies de l'oreille, du nez, du pharynx et de quelques manières de les traiter.* — Mémoire posthume de R. Schalle de Hambourg, précédé d'une courte préface de S. Moos d'Heidelberg .... » »

II. — Dr J.-A.-A. RATTEL. — *Le mécanisme des osselets de l'oreille et de la membrane du tympan,* par Helmholtz .... 10 »

III. — Dr J.-A.-A. RATTEL. — *Des Cornets acoustiques et de leur emploi* .... 5 »

IV. — Dr J.-A. A. RATTEL. — *L'Oreille, anatomie-pathologique,* traduit d'HERMANN STEINBRUGGE .... 5 »

V. — Dr J.-A.-A. RATTEL. — *La Doctrine Chrétienne à l'usage des Sourds-Muets,* d'après le manuscrit original de l'Abbé FERRAND .... 5 »

VI. — Dr J.-A.-A. RATTEL. — *Manuel du Relieur à l'usage des Sourds-Muets,* publié d'après le manuscrit original .... 5 »

VII-VIII. — Dr J.-A.-A. RATTEL. — *Dictionnaire des Sourds-Muets,* d'après le manuscrit de l'abbé FERRAND .... 7 »

IX. — Dr J.-A.-A. RATTEL. — *Dictionnaire des Sourds-Muets,* d'après le manuscrit de l'abbé DE L'EPÉE .... 5 »

X-XI. — Dr J.-A.-A. RATTEL. — *L'Oreille* (maladies chirurgicales), traduit de SCWHARTZE. 2 volumes.. 20 »

XII. — *Tableau des états organiques et fonctionnels des sourds et des sourds-muets,* par le Docteur J.-A.-A. Rattel .... » »

XIII. — Dr J.-A.-A RATTEL. — *Le Cathétérisme des trompes d'Eustache rendu pratique par l'usage de la sonde palatométrique* .... » »

XIV. — Dr J.-A.-A. RATTEL. — *Revue du Dispensaire du Louvre,* 3 années, juin 1892 à juin 1895 (*Journal illustré d'Otologie*) .... 20 »

XV. — Dr J.-A.-A. RATTEL. — *Revue Française des Sourds-Muets.* — Dix années de 1885 à 1895. 100 »

XVI. — Dr J.-A.-A. RATTEL et A. DEGLAIRE. — *Des Inflammations chroniques du naso-pharynx pharyngothérapie.* .... 5 »

(*A suivre*).

www.ingramcontent.com/pod-product-compliance
Ingram Content Group UK Ltd.
Pitfield, Milton Keynes, MK11 3LW, UK
UKHW012007240726
13965UKWH00001B/198

9 782012 883048